江西省高校人文社会科学重点研究基地项目（JD17108）
"近代汉语分析型致使结构研究"

江西省社会科学"十四五"基金项目（21YY29）
"敦煌变文中的处置式和使役式对比研究"

致远学术文丛

刘海波 / 著

近代
汉语分析型 致使
结构及相关句式研究

A STUDY OF ANALYTICAL
CAUSATIVE STRUCTURES
AND RELATED SENTENCE PATTERNS

IN MODERN
CHINESE

社会科学文献出版社
SOCIAL SCIENCES ACADEMIC PRESS (CHINA)

目 录
Contents

第一章 绪 论 ………………………………………………………… 1

 第一节 研究意义 ………………………………………………… 1

 第二节 研究术语 ………………………………………………… 2

 第三节 研究对象 ………………………………………………… 5

 第四节 研究回顾 ………………………………………………… 17

 第五节 待解决的问题 …………………………………………… 23

 第六节 章节安排 ………………………………………………… 24

 第七节 研究材料 ………………………………………………… 25

第二章 近代汉语分析型致使结构的语义特点、类别

   及其和相关句式的联系 ………………………………… 27

 第一节 近代汉语分析型致使结构的语义特点和类别 ………… 27

 第二节 近代汉语分析型致使结构、处置式和被动式三者之间的联系

   ………………………………………………………… 36

第三章 由多义使令动词构成的近代汉语分析型致使结构

   ——使令句 ……………………………………………… 54

 第一节 使令句的分类 …………………………………………… 54

 第二节 古代汉语中使令句历时发展 …………………………… 57

 第三节 近代汉语使令句 ………………………………………… 61

1

第四章　由动词的虚化形成的近代汉语分析型致使结构
　　　　——使役句 ································· 70

第一节　"使、令、教（交、叫）"字式使役句 ············· 70

第二节　"与、给"字式使役句 ······················· 83

第三节　"（著）着"字式使役句 ······················ 94

第四节　其他使役句式（让、遭、要、放、得）············· 109

第五节　汉语致使词的产生机制························ 132

第五章　由句式虚化形成的近代汉语分析型致使结构
　　　　——致使义处置式 ······························ 137

第一节　致使义处置式的语法意义 ······················ 137

第二节　致使义处置式的来源和发展 ···················· 140

第三节　致使义处置式和抽象使役句的比较 ················ 158

第六章　由小句融合形成的近代汉语分析型致使结构
　　　　——致使性重动句 ······························ 161

第一节　致使性重动句和非致使性重动句 ················· 161

第二节　致使性重动句的来源、历史发展和句法语义特点 ······· 164

第三节　近代汉语致使性重动句和表致使义"V 得 OC"结构的关系
　　　　································· 171

第四节　致使性重动句和致使义处置式的比较 ··············· 174

结　语 ·· 177

引用书目及简要介绍 ································· 182

参考文献 ·· 192

后　记 ··· 200

作者简介 ·· 202

第一章
绪　论

第一节　研究意义

致使范畴是人类语言中的一个基本范畴，因此这种语法范畴所对应的语法表达形式（致使结构）也是语言中的基本结构。伯纳德·科姆里（2010：193）认为："使成结构在近期语言研究的历史中起重要作用，不仅从类型学的角度看是如此，而且它还代表语言学和邻近学科诸如哲学（使成现象的性质）和认知人类学（人类知觉和使成现象的分类）互相交叉的一个重要领域。""使成结构之所以重要是因为对它的研究涉及整体语言描写中各个层面的交互作用，这些层面包括语义、句法和形态。"

在现代汉语语法研究中，将致使范畴作为一个独立的语义范畴进行研究的成果比较丰富［主要有周红（2005）、宛新政（2005）、朱琳（2011）、牛顺心（2014）等］。历时研究中，学界的研究成果大多集中于对致使结构具体小类的来源、产生时代、演变路径等方面的探讨。这种研究能够帮助我们发掘汉语致使结构各小类所蕴含的句式和语义特征，但其中存在的缺点就是没有将致使范畴上升为一个独立的语义范畴来加以考察，难以观察到致使结构各小类的联系和区别。徐丹（2014：15）认为："古代汉语中动词的意愿义和主/被动义都是由形态和语音手段表达的，很少用句法标记来表明（使字句是表达致使意义的一种）。汉语的演化需要更多的句法手段来标记不同的语法关系，因此在中古汉语时期发展出众多的兼语句式，其中有些动词发生了语法化（如'教''让'）。'把'字句和'被'字句的产生和发展也与致使结构有关,它们使得汉语可以更加详细地表达结果。"该文认为汉语的类型变化(由混合型语言到分析型语言)使得句法手段激增。

分析型致使结构在近代汉语时期有多种表现形式,大大丰富了汉语致使范畴的内容。对近代汉语时期分析型致使结构进行全面研究,对深入认识汉语致使范畴的语法表达形式及其发展演变过程是很有意义的。

近代汉语的分析型致使结构,不仅包括由"使""让"等这些学者们普遍提到的致使标记构成的语法表达形式,表示致使语义关系的重动句也应看作分析型致使结构。另外,通常所说的处置式里的"把"字句、被动式里的"被"字句,其句法表层形式与由"使""让"等构成的分析型致使结构一样,有些学者认为它们也可以表示致使义,所以也可以将其纳入分析型致使结构一并加以讨论。

"把"字句和"被"字句的产生和发展与致使结构有关,现代汉语中的"教""让""给"既是使役标记,也是被动标记,部分学者〔如薛凤生(1994:34),郭锐、叶向阳(2001)〕甚至认为汉语中的处置式和被动式都表示致使意。因此,将处置式和被动式的历时发展置于致使语义范畴研究的大框架下来观察,能够加深对这两类句式所表达的语法意义的认识。

第二节 研究术语

研究致使结构的著作很多,但往往存在术语上的差异,为避免引起混乱,在此将本书涉及的重要术语介绍如下。

一 使令句

主要指使令兼语结构中 V_1 本身具有明显的词汇意义的那一类,句子表达使令义。如:

(1) 村长派他去地里收割稻子。

(2) 上级提拔他当副院长。

(3) 他叫我去图书馆。

二 使役句和使役动词

使役句区分为具体使役句和抽象使役句,使役动词是使役句中的 V_1。其中具体使役句表达使令义,与使令句接近,而抽象使役句表达致使义,如:

(4) 他的话叫人很伤心。
(5) 他的不作为令人很失望。

例(4)和例(5)都是抽象使役句,表达致使义。由于动词"使""令""叫""让"等既能在具体使役句中表达使令义,又能在抽象使役句中表达致使义,很多著作将它们区分为两类动词。

本书为了探源和对比,将具体使役句和抽象使役句放在第三章一起讨论。

三 使令动词和致使词

使令动词是指使令句中的 V_1,致使词是指抽象使役句中的 V_1,其中致使词来源于使令动词的虚化。

四 使令义和致使义

使令义是指致事通过直接控制所使去完成某种活动。致使义是指致事影响或造成所使达成某种结果或处于某种状态。关于使令义和致使义的判断标准,学界主要有两种:一是根据"致事"的生命度,有生对应使令义,无生对应致使义;二是根据 V_2 的自主性,自主动词和使令义对应,非自主动词和致使义对应。这两种标准都不能自圆其说,看下面的例句:

(6) 他让我很难堪。
(7) 他的疏忽让我白去了几趟邮局。

例（6）的"致事"是有生的，可是句子表示致使义。例（7）的 V_2 是自主动词，可是句子表示致使义。

我们可以综合这两种标准，得出表1-1。

表1-1　使令义和致使义语义特点

致事	V_2	句义
有生	自主性	使令义
有生	非自主性	致使义
无生	自主性	致使义
无生	非自主性	致使义

举例如下：

（8）他让我去书库找了几本书。

（9）他让我很失望。

（10）他的疏忽让我白去了几趟邮局。

（11）美景让人心旷神怡。

例（8）的"致事"是有生名词，V_2 是自主性的，句子表义为"使令义"。例（9）的"致事"是有生名词，V_2 是非自主性的，句子表义为"致使义"。例（10）的"致事"是无生名词，V_2 是自主性的，句子表义为"致使义"。例（11）的"致事"是无生名词，V_2 是非自主性的，句子表义为"致使义"。

五　广义处置式、狭义处置式和致使义处置式

近代汉语可以分为广义处置式、狭义处置式和致使义处置式。由于广义处置式和狭义处置式都发展出致使义处置式，从是否表达致使义的角度，处置式可分为致使义处置式和非致使义处置式（一般处置式）。

六　致使性重动句和描述性重动句

重动句可以分为致使性重动句和描述性重动句（不表达致使义）。

第三节 研究对象

一 "致使"概念的内涵和外延

"致使"还有其他名称,如"致动""使役""使成"等。本书采用"致使"这个名称,主要是基于以下三点考虑。一是其他名称有一定的局限性,例如,"使役句"一般是指 V_1 为使役动词的兼语句,"使成"式一般是指述补结构。二是"致使"这个名称更能突出"动作—结果"这一语义链条当中的"结果"这一语义要素。三是采用"致使"这个名称,突出了"结果"这个语义要素,更能显示其在语义上作为因果关系的下位概念的特点。宛新政(2005:52)认为:"致使和因果关系在以下三个方面存在着差异:一是二者在句型类别和所用标记方面存在差别,致使句通常是单句,也包括少数复句,而因果句通常是复句,也包括少数单句。二是二者的侧重点不同,因果句中的原因和结果之间不一定有作用力,而在致使句所包含的'作用—效应'关系中,一定存在某种致使力。三是在语用上,致使句多用于叙述,而因果句多用于解释。"

汉语语法研究中,吕叔湘(1982:93)最早提出"致使句"这个概念,认为"致使是使止词有所动作或变化",并将致使句的范围界定为使令兼语句、使动句和使成句这三个小类。之后的学者虽然基本上都承认"致使"包含"动作—结果"这一语义链条,但是由于"致使"是个语义概念,语义模糊性的特点和研究角度的差异导致学界对其解释不尽一致,主要有以下三种观点。

(一)认为"结果"是"致使"概念中非常重要的语义组成要素

Lakoff(1987:78)认为存在这样的谓词转换链条:状态形容词→表始动词→致使动词。其注意到了状态谓词和致使动词之间的转换关系,实际上是承认在致使结构当中"状态的改变或出现新的结果"是最重要的,而"施力"只是"状态的改变或出现新的结果"的隐含因素,可以不出现,但是人们在理解这类句子的过程中会自动将"施力"补出来,于是就造成了

"致使"意义。如"然则王之所大欲可知已,欲辟土地,朝秦楚,莅中国而抚四夷也"(《孟子·梁惠王上》)。一般认为上面句子中的"朝"是使动用法,即"使秦楚来朝",但如果我们将"辟"和"抚"都理解为状态谓词的话,那么"辟"和"抚"也是使动用法,即"使土地得以开辟"和"使四夷得以安抚",无非就是前者是主动态,而后两者是被动态(意念)而已。这也说明状态谓词和致使动词之间的界限是模糊的。彭利贞(1996)认为:"某事物出现某种行为、变化或状态,总有另一事物施以外在之力。"彭文认为"致使"的核心内涵是"状态变化",而"致使力"只是其中的一个隐含因素,可以出现,也可以不出现,因为人们在认知上会赋予"事物的状态变化"一个外力。这种说法能够很好地解释两点语言事实。第一,动词"使""教""让"等的虚化,由于"致使"的语义重心在后面的"状态变化",而"致使力"只存在于人们的认知上,可以不出现,前面动词的实词义必然因丢失而虚化。第二,一个状态谓词后面紧跟宾语就自然含有致使义,如"春风又绿江南岸"中的"绿"是个状态谓词,后面紧跟宾语,句子含有致使义,这也说明在"致使"的语义构成要素中,"状态变化"非常重要。

(二)将"致使"概念分解为一系列更小的语义组成要素,并探讨这些语义组成要素之间的关系

范晓(2000:135)认为"致使关系是致使主体与受致使主体作用的实体之间的关系","致使结构实际上由四个部分组成:(1)致体(致使发生新事件的力量,是一种致使力);(2)致使(使役动词);(3)使体(致使对象,也是结果体所表情状的主体);(4)结果体(使体受致体致使作用后所发生的情状)"。范文将现代汉语中的致使句分为"显性致使句"(使字句、V使句、使动句、致使义处置式)和"隐性致使句"(使令句、V得句、使成句),并对它们进行了句法语义分析,探讨了它们之间的关系。程琪龙(2001)认为,"致使始于致使者,致使者影响致使对象使其发生变化",这样从语义上就可以把致使结构分解为致使者、致使方式、致使对象、变化和结果(致使者→致使方式→致使对象→变化和结果)。持这种观点的学者都主张将"致使"这一语义概念分解成更小的语义组成要素,并考察这些语义要素之间的关系，这从整体上加深了对致使内涵的理解，但缺点是对致使内涵的阐释没有突出重点。不过这些研究都基于共时层面，在历时研究中，"致使"概念的语义组成要素包括哪些以及它们之间的相互关系如何都很值得探讨。

（三）用致使情景来解释致使，突出"致使句"内存的因果关系

郭锐、叶向阳（2001）觉得致使的表达可以用致使情景来解释，所谓"致使情景"是指"两个或两个以上的事件存在着'作用—效应'的关系，即事件一导致事件二"。这种解释用两个（或两个以上）事件来表示致使结构的内部关系，突出了"致使"的因果关系，而且努力在更大范围内对致使概念进行解释，但是"事件"的解释有一定的主观性，可能使得致使概念的范围过分扩大。

从上面的介绍中可以看出学界基本认同"致使"至少包括三个语义要素：致使力、因果关系、状态变化（结果）。不过这三个基本的语义要素在不同的致使结构中的地位是有差别的，例如：

（1）我派他去。
（2）这里的风景让人心旷神怡。

例（1）表达使令义，句子凸显"派"，突出致使力。例（2）表达致使义，句子凸显"心旷神怡"，突出状态变化（结果）。

我们认为在"致使"诸多的语义组成要素中，"状态变化（结果）"是非常重要的，下面 a 和 b 两条句式演变链条都和"状态变化（结果）"在句中的呈现有密切关系。

a、"具体使役句"→"抽象使役句"
b、"一般处置式"→"致使义处置式"

在这里，我们有必要谈谈致使句式和结果句式的联系和区别。张黎（2010）认为："汉语动结句式与其他相关句式的一个不同点就是，动结句

式是按时间流，即在时轴上来陈述结果性事件的，而其他句式是把结果性事件作为一个宏事件中的一个子事件。"其在文中举了这些例子：

（3）把字句：小王把桌子擦干净了。

（4）被字句：桌子被小王擦干净了。

（5）使役句：妈妈让孩子写完作业。

（6）重动句：小王喝酒喝醉了。

（7）结果句：小王喝醉了酒。

其认为"结果句式同把字句、被字句、使役句和重动句是不同层次的句式，结果句式是把字句、被字句、使役句和重动句中的子事件。反言之，上述句式是包含结果句式的宏事件。结果句式同把字句、被字句、使役句和重动句等都含有致使义，但这种致使义并不是这些句式的显性语法意义，即不是这些句式的最高层次的语法意义。动结句式表达的是一种以时序为轴的现场行为，是一种客观陈述，而其他句式都或多或少带有一种主观性，表达话者对一个结果性事件的责任（把字句）、意外性（被字句）、显性动因（使役句）和事件动因（重动句）的认定"。张文从汉语中的"'动作—结果'的句法呈现"这个角度来分析上面这些句式所蕴含的语法意义，视角新颖，加深了对致使概念的认识，对厘清各句式所表达的语法意义很有帮助。此外，在历时研究中，从结果句式（子事件）着眼，考察结果句式（子事件）在致使句中的呈现情况可以加深对汉语致使句发展的认识。宋绍年（1994）就认为研究结果和方式补语的发展变化过程和在句法中的实现情况可以揭示汉语史句法发展的诸多问题，宋文主张"选取若干不同时代的语言材料，把同表达结果与方式有关的句法结构（使动用法、动词性联合结构、兼语式、结果补语式）组织在一个场中，分别统计它们出现的频率，可以得到各种结构在不同时代此消彼长的频率变化曲线"。

关于汉语致使结构的范围（或类别），目前研究比较有争议的有下面几点。

其一，上古汉语中是否存在形态致使。

关于这个问题，学术界存在明显的分歧，支持者一般从汉藏语对比研究出发，进而推导出上古汉语中存在致使*s-前缀。金理新（2004）认为，除了*s-前缀外，*-d后缀在汉藏语中也用来表示使动，后者较早时已渐渐为*s-前缀排挤取代，并认为从现存的材料中归纳出来的*-d后缀是例外的形式。梅祖麟（2008）认为使动化*s-前缀的清化作用产生上古汉语的浊清别义，如"败"*b-自破/"败"*p-<*s-b"破他"。梅文通过研究藏语、缅彝语、西夏语、哈尼语等九种语言中的自动词/使动词所表现出来的浊清别义，认为"这些语言的浊清别义是由使动化*s-前缀产生的，而且使动化*s-前缀在原始汉藏语中就已经存在"。洪波、杨作玲（2010）也认为，"先秦汉语中有不少动词具有清浊交替的特点，这种声母清浊交替现象有两类：'败'类清浊交替体现的是自动和使动的对立；'见'类清浊交替体现的是非完成体与完成体的对立"。该文以"见""解"为典型分析了"见"类动词的清声母形式和浊声母形式的用法，证明了其浊声母形式来自其清声母形式的完成体形式。南北朝时期颜之推的《颜氏家训·音辞第十八》"军自败为败，打败人军曰败（补败反）"，第二个"败"注明读反切清声（补败反）。有学者据此认为汉语史上曾经存在过使役形态，而另外一些学者在讨论上古汉语使动用法消失（一般认为动结式部分地代替了使动用法的功能）的文章中对此问题避而不谈。不过即使承认先秦汉语中存在使役形态，我们在汉语后来的发展历史中也找不到这种用法的痕迹了。如果先秦汉语中存在使役形态的话，那么是什么原因导致使役形态在后来的语言发展过程中消失了？先秦汉语中的使役形态是否具有严格的系统性？目前很多关于使役形态的文章都是举例性质的，还很少有人系统地研究这个问题。从目前的研究来看，上古应该存在过形态致使结构。

其二，处置式的语法意义是否表示致使。

关于处置式所表达的语法意义是什么，学界一直存在很大争议，主要是"处置"还是"致使"之争。王力（1985：87）认为："凡用助动词把目的位提到叙述词的前面，以表示一种处置者，叫做处置式。"不过由于"处置"这一语法意义不能概括现代汉语共时层面中所有的"把"字句，不少研究者将现代汉语"把"字句的语法意义概括为"致使"。薛凤生（1994：34）认为"把"字句（A把B+C）表示"由于A的关系，B变成C所描述的状态"。邵敬敏（2000：233）认为各种把字句共同的语法意义

"表示由于某种动作或某个原因,使 O、S 或 S(VO)获得某种结果,或使动作达到某种状态。简而言之,是致果或致态"。郭锐、叶向阳(2001)从致使情景的角度,也认为"把"字句的语义核心是表示"致使"。郭锐(2003)进一步认为,"'把'字句的语法意义是'致使',其语义构造可表示为:致使者(NPa)+把+被致使者(NPb)+致使事件谓词(V_1)+被使事件谓词(V_2)。'把'字句来源于表示致使事件的小句和表示被使事件的小句的并合"。范晓(2001)根据是否可以用"使"替换"把"将"把"字句分为两种:一种是处置意义,如"我把苹果吃了";另一种是使动意义,如"这件事把他感动了"。他认为不应该将这两种语法意义强行做统一解释。王红旗(2003)认为"把"字句的语法意义应概括为"处置",这个意义应解释为"控制性的致使","控制(处置)"的意义由介词"把"来表示,"致使"的意义由述语动词来表示。这种说法认为处置式兼表了"处置"和"致使"两种语法意义,这只是观察角度的区别。

不过这些研究对于处置式的历时发展情况关注比较少,而研究历史语法的学者则多数认为"处置式"的历史来源并不是单一的,表示的语法意义也并不单纯。梅祖麟(1990)从形式上将"处置式"分为三类:(甲)双宾语结构 V_B+O_1+V(+于/与)+O_2,(乙)动词前后带其他成分,(丙)单纯动词居末位 V_B+O+V。梅文认为:"甲类承继先秦到汉代的'以'字结构,乙类是在受事主语句前面加上'将/把'而成,丙类处置式是连动结构发展的结果。"吴福祥(1996:419)根据语义特点将处置式分为广义处置式、狭义处置式和致使义处置式三种。郭浩瑜、杨荣祥(2012)认为,"'处置式'的多种语法意义与'控制度'有密切的关系,所谓控制度,是指处置式中,N_1对整个句子所表示的事件的掌控力度以及 N_2 的受控力度"。该文将处置式细分为四种,即广义处置式、狭义处置式、致使义处置式和遭受义处置式,并认为这四种语法意义的处置式的控制度依次由高到低。由于大家观察处置式的视角存在差异,所以得出的结论也千差万别,我们认为王红旗(2003)的"把字句中的'控制'的意义由介词'把'表示,'致使'的意义由述语动词来表示"的解释相对合理,但是对"致使"具体作何种理解以及对早期处置式(把清泉掬)作何解释还需要进一步研究。前面提到的"结果性事件"是宏事件的一个子事件,处置式在历史发展过程中是怎么样具有了这个"结果性事件"的,这个"结果性事件"的语法表现形式是什么,这些问题都还需要从处置式的历史发展中去研究。

其三,被动句的语法意义是否表示致使。

被字句所表达的语法意义是什么,学界也有分歧。王力(1985:88)认为,"被动"与"主动"相对,该文对被动式的解释是"被动式所叙述,若对主语而言,是不如意或不企望的事,如受祸、受欺骗、受损害,或引起不利的结果等"。李临定(1980)赞成被字句表示贬义的说法,同时指出现代汉语中表示中性以至于褒义的被字句有扩大之势。由于被动句所表达的语法意义很难完全用"被动"来解释,所以很多学者另辟蹊径,尝试从致使的角度来解释被动句。薛凤生(1994:34)将被字句描述为:A 被 B + C,即由于 B 的关系,A 变成 C 所描述的状态。熊学亮、王志军(2002)明确地从致使的角度研究被动句,认为"被字句源于从受影响者的角度来描述致使性事件这一事实,它表达的是受事受到外力影响而形成一种结果性状态的过程"。不过,被动句的语法意义是否表示致使或者致使能否解释所有的被动句还有待研究。

被动句的历时研究主要集中在各种被动句式("被"字式、"吃"字式、"教"字式、"让"字式、"与"字式、"给"字式等)的起源、演变以及它们各自同其他相关句式的联系和相互影响上。冯春田(2000:585)讨论了形式复杂的"被"字式,所谓复杂是指"被字式被动句的句法核心从单个动词演变为复杂的结构,句法核心可以由动补结构、连动结构、处置式等来充当"。宋代产生了与致使义相关的"被"字式,如:"朱仝告道:'小人自不小心,路上被雷横走了,在逃无获。'"(《水浒传》五十一回,675)我们知道使役和被动是不同的语法范畴,但是在汉语中"叫、让、给"却可以使役和被动兼用。对此,蒋绍愚(2002:159)对于前人的意见做了概括,认为汉语使役和被动兼用的原因可以归纳为以下四点:一是汉语的动词表主动和被动在形式上没有区别;二是能转化为被动的使役句的谓语动词必须是及物的;三是能转化为被动的使役句的主语不是施事成分,而是受事成分;四是事件的已然与未然对于转化的影响。例如,"这件事让我做"和"这件事让我做了",后者可以理解为被动句。洪波、赵茗(2005:422)对此做了补充,认为"并不是所有的使役动词都可以转化成被动标记，只有使役性最弱、对施事的依赖性最弱的容让性使役动词才具备了转化的可能性"。不过，马贝加（2014：467）认为被动句式也可以转化为使役句式，汉语的语义范畴"使役"的对立面可以理解为"被动"。我们赞同徐丹（2014：15）的看法，汉语"被"字句的语法意义并不表示致使，但"被"字句的产生和发展与致使结构有关，它使得汉语可以更加详细地表达结果。

其四，重动句的语法意义是否表示致使。

唐翠菊（2001）、张旺熹（2002：187）都将重动结构分为致使性重动结构和非致使性重动结构（描述性重动结构）。唐文认为致使性重动结构的补语指向主语，因此致使性重动结构一般不能变换成"把"字句或主谓谓语句，而非致使性重动结构的补语语义指向则比较复杂，但是没有指向主语的情况，因此部分非致使性重动结构能够变换成"把"字句或主谓谓语句。戴浩一（1990、1991）根据补足语的语义类型将重动句分为六类：持续补足语、频率补足语、描写补足语、结果补足语、处所补足语、方向补足语。赵新（2001）也是从补足语的角度对重动句进行了细分。周红（2005：81）从致使角度对重动结构进行了句法和语义分析，认为"致使性重动结构在整个结构上形成了一个含有致使义的框架，可以表述为'$N_1 + V_1 + N_2 + V_2 + (X)$'"，能够进入这个致使框架的动词会发生词义的变化，具有致使义。赵林晓（2014：92）也赞成将重动句从语义上细分为致使类重动句和非致使类重动句，并探讨了致使类重动句的来源、历时演变以及和其他句式的关系。我们赞成从语义上将重动句细分为致使性重动句和非致使性重动句，并打算从句法构式的角度对致使性重动句进行历时研究。

综上所述，我们可以将汉语的致使语义类别限定在以下几类：形态致使、使动用法、使成式、使令兼语句、致使义处置式和致使性重动句。形态致使、使动用法和使成式可以归为直接致使，使令兼语句、致使义处置式和致使性重动句可以归为间接致使（分析型致使）。

二 近代汉语分析型致使结构

牛顺心（2014：19）将致使结构区分为综合型致使（词汇型致使和形态型致使）和分析型致使，并认为"使成式从功能上看相当于综合性致使结构，但在其组成上却体现了分析型致使结构的特点：使事和成事具备各自的词汇形式，虽然使事和成事不是独立的词汇形式"。① 本书想讨论的近代汉语分析型致使结构包括"使令句""抽象使役句""致使义处置式""致使性重动句"，并认为它们有相同的底层句法结构"$N_1 + V_1 + N_2 + V_2$"，在历时的发展过程中，某些带有明显词汇意义的词进入句法结构"$N_1 + V_1 + N_2 + V_2$"之后，句式赋予了它们致使义［"构式赋义"，参见吴竟存、梁伯枢（1992：216）的论述］，这种固化的致使义会形成新的致使词，例如近代闽南话中的"赐"和近代汉语中的"放"就是这样发展成致使词的。

（一）使令句

何乐士（1992：65）研究了《史记》中表示使令义的兼语式，和《左传》中的兼语式（以"使""以"等为主）相比，"《史记》中的兼语式不仅范围扩大，而且绝大多数都频繁出现。同时兼语后的谓语并不都是动词性的，有些是名词性的，还有一些是形容词性的，用法相当灵活。兼语式先由'使令、派遣'类的用法发展起来，继而扩展到其他方面"。范晓（2000：145）将使令句概括为"A + V + B + C"式的致使句，认为"'使令句'跟使役句（指抽象使役句，下同）既有联系，也有区别。从来源说，使役句是从使令句演变来的，使役句中的'使、令、叫'等词都是由动作动词'使、令、叫'引申发展为纯粹表致使关系的。差别在于：使役句中的 V_1 都不表实在的动作，而只表高度抽象的致使关系或纯粹'致使'义；'使令句'中表示使令的动词都表动作行为，而'使令'关系隐含在这些动词里"。曹茜蕾、贝罗贝（2007）以 *Doctrina Christiana* 和《荔镜记》两种历史文献为基础，考查了近代早期闽南话的分析型致使结构，发现"早期闽南话中存在一个令人感兴趣的语法化现象，即一个具有明确的'给予'意义的动词'赐'发展成为一个致使动词，但是没有用作被动标记的功能"。例（8）至例（14）是近代汉语中使令句的用例。

---

① 董秀芳（2007）认为，"汉语史上动补结构的形成不是一种句法结构的变化，而是一种词法的变化，是词汇化的结果"，此观点可供参考。

(8) 慎言与排比一只船，着人发送讫，今年九月发去者。(《入唐求法巡礼行记》卷四，154①)

(9) 直至阿难，再三商量，坚请阿难升座说法。(《敦煌变文·双恩记》卷五，925)

(10) 如李绛劝唐宪宗速赏魏博将士。(《朱子语类》卷五〇，1216)

(11) 今日蒙神旨差送孝子张屠孩儿还家，我相公的圣佑，与做勾当的灵报。(《新校元刊杂剧三十种·小张屠焚儿救母》第三折，254)

(12) 撞着朱家三个弟弟，邀小人今夜做些歹生活。(《新编五代史平话·梁史》卷上，7)

(13) 到于易州，夜晚住歇，使刘婆儿取水做饭。(《正统临戎录》，381)

(14) 这来兴儿在家，西门庆原派他买办食用撰钱过日。(《金瓶梅词话》二十五回，280)

(二) 抽象使役句

近代汉语抽象使役句式主要有以下三类，都表达致使义。

其一，使、令、教（叫）、遣、着、要字式抽象使役句，来源于具体使役句的进一步虚化。如：

(15) 天公遣我生，地母收我死。(《王梵志诗·暂时自来生》卷五，312)

(16) 立使臣寮咸满愿，永除主掌别流名。(《敦煌变文·双恩记》卷五，928)

(17) 神通罗汉尽知名，见者能令福智生。(《敦煌变文·佛说阿弥陀经讲经文》卷五，667)

---

① 本书对近代汉语阶段（唐至清）的例句都标注了具体页码（转引自他人著作的例句除外），方便查找。

(18) 孝行永标经史上，直教万代广流传。(《敦煌变文·父母恩重经讲经文》卷五，969)

(19) 老夫人事已休，将恩变为仇，着小生半途喜变做忧。(《西厢记》第四本第二折，180)

其二，让、放字式抽象使役句，来源于容让类动词的进一步虚化。如：

(20) 但将痛饮酬风月，莫放离歌入管弦。(宋·辛弃疾《鹧鸪天·离豫章别司马汉章大监》，《全宋词》，1878)

(21) 两人寒暄一番，李大却只同旁人行了礼，让秀才满面羞愧。(《儒林外史》第七回，46)

其三，与、给字式抽象使役句，来源于给予义动词的进一步虚化。如：

(22) 大庆，与七德舞偕奏于庭。(唐·李世民《幸武功庆善宫》，《全唐诗》卷1-5，5为篇数，此书余同)

(23) 给天下女儿吐一口气。(《儿女英雄传》"缘起首回"，5)

（三）致使义处置式

如前所述，关于处置式所表达的语法意义，研究者分歧较大。蒋绍愚(1997)指出，"致使义只是'把'字句的一部分，而且其表致使的功能也不是由于'把'字产生的，而是由于句中动结式而产生的，述补结构本身就表示了一个双事件结构"。从历时研究来看，将致使义处置式和使令句、抽象使役句进行对比研究有助于我们深入了解处置式的语法意义。例(24)至例(26)是近代汉语中致使义处置式的用例。

(24) 任君逐利轻江海，莫把风涛似妾轻。(唐·刘得仁《贾妇怨》，《全唐诗》卷545-29)

(25) 该杀的短命，你怎么不来接我？一路上把我掉下驴来，险不

跌杀了我，那驴子又走了，早是撞见个老儿，与我笼着驴子。(《元曲选·包待制陈州粜米》第三折，1902)

(26) 正说着，这个人才跟进屋子，只听得"嘎喇"的一声，就把个孩子养在裤裆里了，还是挺大的个胖小子。(《儿女英雄传》三九回，664)

（四）致使性重动句①

关于汉语重动句的起源与历时发展，赵林晓（2014）做了详细的研究。不过，部分重动句表示致使义到底是句子整体结构所赋予的还是后面的述补结构所赋予的还需要进一步研究。下面例（27）至例（29）是近代汉语中致使性重动句的用例。

(27) 在家里扫地也扫出金屑来，垦田也垦出银窖来，船上去撒网也牵起珍宝来，剖蚌也剖出明珠来。(《二刻拍案惊奇·王渔翁舍镜崇三宝》卷三六，217)

(28) 你打他打破头，浑身上下血交流，我也拿你这降人的，试试你这狗骷髅。(《聊斋俚曲集·禳妒咒》一八回，634)

(29) 宝玉欢喜道："如此长天，我不在家，正恐你们寂寞，吃了饭睡觉睡出病来，大家寻件事玩笑消遣甚好。"(《红楼梦》六四回，885)

上面简单地介绍了近代汉语四种分析型致使结构，在后面的行文中笔者主要从四个方面进行考察。

第一，对近代汉语分析型致使结构的各语义类别（使令句、抽象使役句、致使义处置式和致使性重动句）做出细致的描写。从动词虚化和结果小句的句法实现的角度对这些句型进行句法语义分析，力求展现出近代汉语分析型致使结构的总体面貌。

---

① 近代汉语中部分"V得OC"结构含有致使义，为了便于和致使性重动句进行对比研究，将其放在第六章讨论。

第二，在全面描写的基础上，总结出重要的变化，并探究这些变化的形成原因以及演变机制。在进行细致的共时、历时描写后，笔者打算对近代汉语分析型致使结构中显示出的一些重要问题进行专门研究，通过对这些主要变化的深入、专题式研究，展现出近代汉语分析型致使结构的主要特点。

第三，结合不同句式研究近代汉语分析型致使结构。同一种句式可以表达不同的语义，同一种语义也可以由不同的句式来表达。我们知道中古汉语和近代汉语时期发展出众多的兼语句式，"把"字句、"被"字句的产生、发展都和致使结构有关，笔者将结合上述句式进行研究，关注不同句式相互影响所造成的变化。

第四，近代汉语分析型致使结构的发展可能有语言接触的影响。桥本万太郎（1987）提出汉语南北方言中的被动标记存在类型上的差异，北方方言把使役动词当作被动标记，南方方言把给予义动词当作被动标记，他认为使役动词兼作被动标记是汉语阿尔泰化的结果。那么汉语南北方言中的使役标记和被动标记是否存在类型上的差异？近代汉语分析型致使结构是否存在方言和语体等的差异？本书将对这两个问题做进一步探讨。

第四节　研究回顾

一　致使范畴各具体类别的研究

在这里我们只讨论"使成式""使令兼语句""致使义处置式""致使性重动句"这四类分析型致使结构（其中"致使性重动句"在前面已有讨论，此处不赘言），不打算讨论形态致使和使动用法这两类致使类别，主要基于以下原因。第一，关于形态致使，戴庆厦（2001）认为："藏缅语使动范畴有诸多屈折式，通过比较研究，可以认为加前置辅音*s表示使动是最早的、主要的变音式，后来出现的各种音变式以及加前缀式都是由这个源头演化而来的。"承认上古汉语存在形态致使的学者一般都认为上古汉语和藏缅语一样主要是通过附加词缀和辅音屈折来实现使动的，不过其后来在汉语的历史发展过程中逐渐消失了，不再存在于近代汉语和现代汉语之中。

第二，一般认为古代汉语中"使动用法"是很常见的现象，但其在汉语的历时发展过程中逐渐衰落了。徐通锵（1997：591）认为古代汉语中多使动用法，但"随着语言的发展，这种使事性成分的结构位置发生了一些变化：如果挪至表行为过程的动字之前，它就变为现在有'使'类动字标记的使动句；如果仍旧处于动字之后，则向'补充式'的方向发展"。虽然现代汉语中词的使动用法仍存在，不过，我们还是赞成太田辰夫（1987：193）的看法，认为"在现代汉语中表达使役用使役句，偶尔也像古代汉语一样有动词的使动用法"。在现代汉语中我们很难找到像古代汉语那样的单音节词的使动用法（如《史记·越王勾践世家》"且王之所求者，斗晋楚也"），这也说明现代汉语中某些词的使动用法和古汉语中的使动用法是不一样的。

（一）使成式

王力（1980：109）指出，"凡叙述词和它的末品补语成为因果关系者，叫做使成式（'教坏''饿死''站累'等）"。后来，王力（1984：466）改变了一些看法，重新对使成式进行了界定，"使成式是一种仂语的结构方式。从形式上说，是外动词带着形容词（'修好''弄坏'），或者是外动词带着内动词（'打死''救活'）；从意义上说，是把行为及其结果在一个动词性仂语中表现出来。这种行为能使受事者得到某种结果，所以叫做使成式"。也就是说王力不认为内动词带内动词（如"饿死"）和内动词带形容词（如"站累"）是使成式，他认为使成式的第一个成分只限于外动词。

对于使成式的历时考察，学界多集中在使成式的产生时代、判断标准、分类和发展等几个方面。学界对使成式产生的时代莫衷一是（对使成式产生时代的不同看法实际上是由于判断标准不同），从先秦到唐代都有学者坚持［参见蒋绍愚、曹广顺主编（2005：309）］。梁银峰（2006：46）认为，"动补结构来源于上古的双动共宾结构，判定动补结构产生的标准是第二个动词为不及物动词"，但是由于汉语中的及物动词和不及物动词的界限并不容易区分，而且梁文也没有从动词的语义角度对这个标准进行解释，因此这个标准在具体操作上仍然存在一定的不足。胡敕瑞（2005）从动词语义类别的角度将古代汉语的动词分为三类："杀"类（行为动词）、"熟"类（性状动词）和"破"类（性状动词和行为兼性状动词）。胡文指出，

"'破'类词语作为早期动结式补语位置上的主要构成成分,其自身兼有'动作'和'性状'两种语义特征,从上古到中古,其'动作'语义特征渐趋削弱而'性状'语义特征得到凸显,因此可以把'破'类词语'性状'语义的凸显当作动结式形成的判定标准"。不过,文章并没有探讨汉语的动词在语义上为什么会发生这样的变化。刘子瑜(2008)对《朱子语类》中的述补结构进行了详细的考察,在立足于共时断代描写的基础上,探讨了述补结构的每一个重要类型发展演变的轨迹。刘文还注意从述补结构和汉语史其他句式(处置式、使役句、被动句等)的相互关系的角度来讨论问题,很有意义。宋亚云(2009:347)详细地考察了使动用法和动结式之间的关系,认为使动用法的衰落和动结式的产生虽然有一定的关系,但是不存在严格的此消彼长的对应关系,二者可以共存。

关于使成式和致使表达之间的关系,学界多从致使类型学的角度来考察。朱琳(2011:175)指出,"从致使类型学的语义地图角度看,动词的使动用法处于直接致使的位置,动结式的产生填充了使动用法减少带来的直接致使表达的空间,在语义地图上处于直接致使附近的联合行动的社交性致使等位置"。此外,很多学者还从"结果"这个语义要素("结果"是"致使"概念中非常重要的语义组成要素)的角度来研究使成式是怎样表达致使的,从动词语义表达功能的角度研究了动补结构的形成对句法结构表达致使的影响。

(二)使令兼语句

如前文所述,一般认为使令兼语句包括使令句和抽象使役句,使令句是指具有使令义的兼语句,抽象使役句是从"使令句"演变而来的,只是抽象使役句中的 V_1 不表示实在的动作,只表示高度抽象的致使关系。

吕叔湘(1982:93)专门讨论了"致使句",认为"这类句子的标准动词文言里是'使'和'令',白话里是'叫(教)'等字,这些动词都有使止词有所动作或变化的意思,所以后面不但跟一个止词,还要在止词后面加一个动词。这个止词合上后面的动词也构成一个词结",同时还指出,"'劝''请'等动词也是有影响止词的行为的力量的,'禁''阻'等字是反面的'致使','任''从'等字,表示不禁不阻,是中立性的'致使',

句法都和上面的例子相似"，"'封''拜''推''举'等字也使止词变化，但跟的不是形容词而是名词，并且差不多一定要带个准系词'为'"。从上面可以看得出吕叔湘先生认为"致使句"包括使令句和抽象使役句。此外，谭景春（1995：129）从动词虚化的角度将使令动词分为三类：一类是单纯使令动词，即"使""令""叫""让"等；一类是复合使令动词，这类动词本身包含具体的词汇义和使令义，如"命""催"等；一类是使令义不明显或不含使令义的使令动词，如"我放他出去了"中的"放"。谭文还对这些使令动词的使令程度差异进行了探讨，并以此来观察它们在句法表现上的差异，很有启发意义。邢欣（1995：192）从动词语义的角度出发，认为递系式（使令兼语句）中的前一个动词含有使令义，并在发展过程中虚化，形成了不同种类的使令动词。此外，邢文还从语义配价的角度进行了研究，认为"致使动词与非致使动词的本质区别是增添了一个新的结果价"。项开喜（2002）从认知角度分析了兼语式的语义基础，认为兼语式的语义中心在第二个动词上，提出了"双施力语义结构"这一概念，并在此基础上比较了兼语句与连动句、动补式、被动式的语义功能差别。项文着重于句式的语义特点，并注意到了和其他相关句式的对比研究，很有意义。李炯英（2012）对英汉致使结构进行了对比研究，"提出了甄别汉英致让义和使让义致使动词的'VP$_2$祈使甄别法'，构建了'帮助类'致使动词的语义连续统图式，探究了'命令'类、'派遣'类、'选举'类、'帮助'类、'任凭'类等使令动词的义征表达式"。李文详细地分析了汉语使令兼语句具体小类的句法语义特征，并对使令动词进行了语义分类。

　　研究汉语语法史的学者多从使令兼语句的历史演变、功能变化和语义表达差异等角度进行研究。王力（1989：289）对递系式进行了历时研究，认为"汉代以后，还使用其他的动词构成递系式，于是递系式的应用范围更加扩大了"。李佐丰（1989）对《左传》中的使字句进行了研究，认为《左传》中的意使占使字句的93%以上，第二个动词一般是及物动词，很少出现不及物动词。李英哲（2001：238）专门研究了汉语一般性使令动词的历时发展情况，从形式和功能变化的角度讨论了这些动词从上古汉语到现代汉语中的存在和发展变化情况。邵永海（2003：260）详细地讨论了《韩非子》中的使令类递系结构，认为"使"字作为使役动词经历了重新分析的过程。演变的过程可以分为两个阶段：一是"使"先从派遣义虚化为致使义，再虚化为导致义或容许义，所表达的内容则由客观的现实转为导致或容许的结果；二是"使"字句的主语经常是隐含成分，这是其虚化的诱因。邵文对动词的使动用法和表致使义的"使/令"构成的分析型递系式进行了对比研究，发现这两种句法手段表达的语义有差异，不能互换。张美兰（2006）认为，"上古就存在'NP_1 + 使 + NP_2 + V_2'的使役句，发展到近代汉语，使役句中使役动词主要有：令、遣、使、教、着、放等，它们原本都有特定的意义，因为常作兼语式的第一个动词（'NP_1 + V_1 + NP_2 + V_2'中的 V_1），使其具体词汇意义逐渐虚化，最后变成纯粹的'致使、使让'的使役义。其中'令、使、遣'在秦汉时已用，'教、交、着'等在唐宋时常用，'叫、让'字句在明清时才逐渐使用"。

从历时研究的角度来看，牛顺心（2014：83~86）认为使令兼语句还可以分为使令句、新兼语句、抽象使役句和"V 得"致使句。其中使令句和抽象使役句在前文已经做过介绍。所谓"新兼语句"，宋绍年（1994）认为是指"吹我罗裳开"这一类的句子，这种语句是一种和结果补语密切相关但又不同的句法结构。宋文还举了一些近代汉语的例子，如"石角钩衣破，藤枝刺眼新"（唐·杜甫《奉陪郑驸马韦曲二首》，《全唐诗》卷 225 - 34）。而关于"V 得"致使句，宛新政（2005：197）认为"有一种'得'字句是表示致使意义的"，"这种结构式可以表示为 N_1 + V_1 得 + (N_2 + V_2)"，并举了不少例子，"小鱼时时<u>碰得嫩苇微微地动</u>""他用力一握，<u>痛得我叫起来</u>"。

在近代汉语中我们也可以找到这样的例句：

(1) 二将当时夜半越对，<u>唬得皇帝洽背汗流</u>。（《敦煌变文·汉将王陵变》卷一，66）

(2) 当下景阳冈上那只猛虎被武松没顿饭之间，一顿拳脚<u>打得那大虫动掸不得</u>。（《水浒传》二三回，288）

（三）致使义处置式

吴福祥（1996：422）最早从语义类型的角度提出"致使义处置式"这

个名称，并认为致使义处置式产生的时代大约是晚唐五代，其特点为"介词所控制的对象不是动词的受事，而是其施事或当事"。关于致使义处置式的历时研究，这里主要综述郭浩瑜（2010：107～155）的研究，她认为"致使义处置式由于来源的不同，层层积累，产生了多种类型"，"处置式越来越多地表示'致使'的意义，是多种力量综合影响的结果"，"随着处置式本身的功能扩展，其控制度会持续降低，从而影响到处置式的意义变化"。文章还区分了"有意致使"和"无意致使"，"有意致使"是指致事有意地对使事施行了某种行为，导致使事发生了某种变化；"无意致使"是致事施行了某种行为，出乎意料地导致了使事发生变化。并举了如下例子：

（3）巨耐王枢密无礼，折毁了清风无佞楼，又将太君的头都跌破了。(《元曲选·谢金吾诈拆清风府》第二折，1843)

（4）三不知我骑上那驴子，忽然的叫了一声丢了个撅子，把我直跌下来。(《元曲选·包待制陈州粜米》第三折，1902)

例（3）表达的是有意致使，例（4）表达的是无意致使。

二 致使范畴的系统性研究

近年来，将致使范畴作为一个独立的语义范畴进行研究的成果比较丰富，研究方法和角度也呈现出多样化的特点。郭姝慧（2004）借鉴类型学和认知语言学的研究成果，对现代汉语中几种主要的致使句式（结果谓词句、"使"字句、"得"字致使句、倒置致使句）进行了研究。郭文对这四种句式既从动词的角度，也从整个句式的角度来研究，并对比了这四种句式所表达致使义的异同。熊仲儒（2004）采用转换生成语法的最简方案框架，探讨了致使范畴在句法操作中的生成。文章主要研究了现代汉语四类致使句式（致使位移句式、致使—转移—位移句式、含有致使义的双宾句式、含有致使义的结果句式），以及它们和相关句式如"把"字句式的关系。熊文还尝试使用"功能范畴假设"统一解释现代汉语的致使句式。周红（2005：31）认为致使的判定标准为"语义上要求存在致使力的传递，语法上要求有致使标记'使'或者可以语义分解出致使标记'使'"。文章以认知语言学的理论为指导、图式的范畴化理论为框架，对现代汉语致使词范畴进行了系统的分析，并探讨了它们的语法表现、语义制约和功能分工。宛新政（2005）认为致使句的深层包含两个动核结构，其中一个表"致力事件"，另一个表"结果事件"，致使句就是由表致力事件和结果事件整合而成的致使事件。该文从不同角度将汉语致使句分为特定标记构成的致使句（使字句、致使性把字句）、特定句法格式构成的致使句（使令句、使成句、V得致使句）、词语的使动用法构成的致使句，全面探讨了汉语致使句的句式特点。曹晋（2009）从历时的角度考察了使令句、使动用法和述结式从上古到中古的变化，以及它们在变化过程中的相互关系，并认为这一变化过程体现了汉语从上古到中古存在从综合到分析的发展趋势。陈国华（2010）认为汉语分析型致使结构是轻动词结构，并在历时生成语法的框架下，考察了汉语分析型致使结构在上古的产生和中古的演变。朱琳（2011）从类型学、历时和构式语法三个方面考察了汉语使役现象，提出了很多新的解释。牛顺心（2014）以语言类型学和语法化理论为框架，讨论了汉语中致使结构的句法类型及发展。该文还把藏缅语、侗台语、苗瑶语和汉语中的致使结构进行比较，并认为分析型致使式在不少语言中逐渐成为主要形式。

第五节　待解决的问题

笔者试图在搜集整理历史材料的基础上，对近代汉语分析型致使结构系统中的各种句式逐项加以考察分析，并梳理其历史发展脉络，尝试结合相关的理论来解释各种现象。目前需要着力去解决的问题有以下几个。

其一，致使的内涵一般可以解释为"动作—结果"的因果链，但是研究者对这个语义链条在句法中实现情况的理解分歧很大，因此研究者对致使语义类别的理解差距很大。本书尝试从"致事＋致使能量＋所使＋致使结果"这个语义链条对近代汉语分析型致使结构的特点进行研究。

其二，近代汉语分析型致使结构（使令句、抽象使役句、致使义处置式和致使性重动句）的句法语义结构及其历时演变脉络如何？各种分析型致使句式之间的语法意义差异是什么？存不存在共同的句式结构"$V_1+N_1+V_2+$

（X）"？

其三，近代汉语中"使①、教、让、与"等动词都发展出了被动用法，而这些动词都可以表达使令义和致使义两种意义，是使令义发展出被动用法，还是致使义发展出被动用法？

其四，近代汉语中各使役句式和被动句式是否存在方言地域上的差异？

其五，从历时发展的角度看，近代汉语分析型致使结构的发展对处置式发展出致使义有什么样的影响？

第六节　章节安排

本书共分六章，具体内容如下。

第一章是绪论部分，介绍了选题意义、研究术语、研究对象、研究回顾、研究材料。

第二章介绍了和"致事""致使能量""所使""致使结果"相关的语义特征，这些语义特征的变化会影响到致使结构的语义表达。同时从致使力传递的角度对分析型致使结构内部要素之间的关系进行了解释，并对近代汉语分析型致使结构和处置式、被动式的相互关系进行了探讨。

第三章对汉语使令句的历史发展进行了考察，认为在中古汉语时期，汉语使令句的语义类型就完备了，不过近代汉语使令句也发展出了一些自己的特点。近代汉语使令句可以依据使令动词使令义的强弱区分为强使令句、弱使令句、伴随使令句和容许使令句，这四类使令句的界限并不是绝对的，表现为一个由强到弱的连续体。近代汉语使令句的致事和所使一般都是生命度高的人或组织集体，致事对所使的行为有直接作用。

第四章对近代汉语的使役句（使、令、教、与、给、着、让、遣、放、要、得字式）的句法语义特点进行了考察，并对致使词的来源和形成原因

---

① 在近代汉语后期，"使"字使役句偶有可以理解为被动句的例子，如（1）如铭等有好歹时，亦愿爷爷深埋着，不要触污天地，使鸦鸟残吃。(《正统临戎录》，375)(2) 谁知他贼人胆虚，只当鸳鸯已看见他的首尾了，生恐叫喊起来使众人知觉更不好。(《红楼梦》七一回，977)上面两个例句中的"使"都可以理解为"被"，即"被鸦鸟残吃""被众人知觉更不好"。

进行了探究，认为在使令动词发展到致使词的过程中，致事从生命度高的主体扩展到无生命的主体或事件，致使结果由自主动词扩展到非自主动词，这种演变过程在韵文中表现得很明显。

第五章从语义链条"致事＋致使能量＋所使＋致使结果"的角度对汉语处置式发展出致使义进行了探讨。认为致使义处置式的"致事"多为事件或缺省，表示致使原因，甚至背景化，"所使"对 V_2 来说则是施事或当事。处置式发展出致使义是句法结构虚化的结果，工具式、广义处置式、狭义处置式都可以发展出致使义处置式。

第六章在语义链条"致事＋致使能量＋所使＋致使结果"的框架下探讨致使性重动句的句法语义特点。致使性重动句来源于具有因果关系的小句融合，近代汉语致使性重动句有三种类型。一是元代产生的 VO_1VCO_2：想簪子想疯了心。二是明代产生的 VOV 得 C：叫观音叫的（得）口歪。三是清代产生的 VOVC：念书念疲了你。致使性重动句"致事"的事件化和话题化使得其只能表达致使义，而不能表达使令义。不过，致使性重动句"所使"的位置并不固定。

结语介绍了和近代汉语分析型致使结构相关问题的一些思考。

第七节　研究材料

本书的研究范围是汉语史中的近代汉语时期。关于近代汉语的上下限，学者还有争论。吕叔湘（1984）认为，"以晚唐五代为界，把汉语的历史分成古代汉语和近代汉语两个大的阶段是比较合适的。至于现代汉语，那只是近代汉语内部的一个分期，不能跟古代汉语和近代汉语鼎足三分"。这是很有道理的。因此本书的研究材料大致以唐代到清代的文献为主，在选取语料时，主要侧重口语性较强的文献，主要文献如下。

唐五代：《游仙窟》《六祖坛经》《入唐求法巡礼行记》《敦煌变文》《祖堂集》《全唐诗》。

宋代：《河南程氏遗书》《朱子语类》《三朝北盟会编》《王俊首岳侯状》《张协状元》《刘知远诸宫调》《西厢记诸宫调》《全宋词》。

元明代：《原本老乞大》《新校元刊杂剧三十种》《新编五代史平话》

《大宋宣和遗事》《西厢记》《元曲选》《金瓶梅词话》《三言二拍》《正统临戎录》《型世言》《水浒传》《西游记》《老乞大谚解》。

清代：《红楼梦》《醒世姻缘传》《儒林外史》《儿女英雄传》《官场现形记》。

第二章
近代汉语分析型致使结构的语义特点、类别及其和相关句式的联系

第一节 近代汉语分析型致使结构的语义特点和类别

一 近代汉语分析型致使结构的语义特点

伯纳德·科姆里（1989：215）认为"致事"的语义特征有：有生性[①]（animate）、意愿性（intention）和自控性（control）。这三个语义特征存在内在的联系，只有具备有生性，"致事"才有意愿性和自控性，不过"致事"的有生性也不能完全保证"致事"一定有意愿性和自控性，因此有生性是"致事"最根本的语义特征。Levin（1995：34、82）和 Dixon（2000：63－68）分析了致使结构各组成部分的语义特征。其中"致事"的语义特征有有生性、意愿性和参与性[②]（involvement），意愿性是指"致事"对后面动作是有意还是无意，如"他把我吓了一跳。（他可能故意也可能无意间吓了我一跳）"［转引自李炯英（2012：69）］。

"所使"的语义特征有有生性和自控性。"致使能量"的语义特征有物理性（physics），物理性是指"致事"对"所使"是有直接作用力还是有间接作用力。如：

[①] 有生性递减：自身→他人→机构/团体→事物/事件。
[②] "致事"的"参与性"主要是指"致事"对整个事件的参与程度。

（1）班长叫同学们去图书馆领教材。
（2）雾霾天气让人心情不好。

例（1）中的"班长"对"同学们"有一定的控制力，"叫"传递的是直接作用力；而例（2）中的"雾霾天气"仅仅是"人心情不好"的原因，"让"传递的是间接作用力。"致使结果"的语义特征有状态性（status）、及物性（transitivity）和已然性（success）。

周红（2005：42）认为，"致使包括致使者、致使力、被使者和致使结果这四个基本语义要素，工具是可有要素。它们之间的关系是致使者可能借助于工具作用于被使者，导致被使者发生变化"。李炯英（2012：63~66）在语义上将致使结构分解为：致事+致使能量+所使+致使结果。张赪（2013）认为汉语使役句的句法结构可以表述为"主语+使役动词+兼语+VP"，而使役句的语义结构是"致事+使役标记+被使者+结果"。牛顺心（2014：32~52）认为"普通话中分析型致使式的语义结构是'使事（MS）+使令动词（MV）+成事（ES）+结果动词（EVP）'"。本书在行文中采用李炯英（2012）的观点，将近代汉语分析型致使结构的语义关系表述为"致事+致使能量+所使+致使结果"，主要理由有如下四点。

其一，Talmy（2000：461-463）根据力学原理提出了一种建构语言概念系统的基本意象图式。物体在运动过程中，由于力的相互作用，运动状态发生改变，如由静态到动态，或处于平衡状态。语言结构也包含一种力学结构，当静态结构与动态词汇相互作用时，静态结构蕴含一种动态结构。致使结构（分析型致使结构表现得更明显）也存在着能量或力的传递。这一点是致使结构和一般因果句的根本区别，也是影响致使结构各语义要素关系的根本原因，因此突出"致使能量"在致使结构中的地位很有必要。

其二，使令句中的 V_1 还具有明显的动作义，还不能看成致使词，因此在分析使令兼语句语义特点的时候，使用"致使能量"这个概念更合适。

其三，抽象使役句来源于使令句，使令句中的 N_2 一般是人物名词，而抽象使役句没有这种限制。汉语史中存在使役句发展成被动句的情况，在其演变过程中，使役句中的" N_2 "从有生名词扩展为无生名词是很重要的标志，因此我们使用"所使"能够更好地表示这种演变过程。

第二章 近代汉语分析型致使结构的语义特点、类别及其和相关句式的联系

其四,"致使结果"能够更好地概括"所使"后面复杂的谓词性结构,这种谓词性结构是致使结构中"能量或力"传递的终点。

下面我们结合语料来具体分析致使结构中各要素的语义特点。

(一)致事的语义特点

李炯英(2012:64)和牛顺心(2014:32)认为"致事"的语义原型是有生命的人或团队。从历史发展来看,汉语使令句是抽象使役句产生的基础,在使令句向抽象使役句发展的过程中,"致事"从有生向无生扩展。这个过程可以描述为"人物名词→事物名词→小句",我们来看下面的例句:

(3) 怀王使屈原造为宪令。(《史记·屈原贾生列传》)
(4) 固知贫病人须弃,能使韦郎迹也疏。(唐·杜甫《投简梓州幕府兼简韦十郎官》,《全唐诗》卷227-75)
(5) 我先生要一定这等称谓,这等仪节,使我益发无地自容,叫我这一肚皮的话怎得说出口?(《儿女英雄传》三九回,668)

从例(3)到例(5)中"致事"的生命度逐渐降低,其中例(5)的"致事"是一个小句,成为后面事情发展的原因,已经背景化了。

"致事"的生命度只是表面现象,根源是作为整个致使结构中"力"的发出者,其生命度影响了"力"的作用。生命度高的"致事"本身就是"力"的发出者和直接实施者,句子表现为使令义(具体使役句),如:

(6) 俊于八月二十二日夜,二更以来,张太尉使奴厮儿庆童来请俊去说话。(《王俊首岳侯状》,227)
(7) 钱氏吵曰:"入他妈的学,不知他请何人放枪,回来哄你瞎老汉。"(《跻春台·利集·比目鱼》卷三,390)

例(6)和例(7)"致事"的生命度高,是"力"的发出者和实施者,所以句子表现为具体使役句。

而生命度低的"致事"不太可能是"力"的发出者，因此只能理解为原因或导致后面事情发生的一种抽象的"力"，句子表达致使义（抽象使役句），如：

（8）我不当有安丰之行，使友谅乘虚直捣应天，大事去矣。（《明史·太祖本纪》，87）

例（8）中的"友谅乘虚直捣应天"只是"我安丰之行"的后果。有时候，"致事"究竟是"力"的直接发出者还是仅仅表示原因存在歧义，如：

（9）老头子一见，又不愿意了，说："姑爷，你瞧。怎么使这家伙给二叔倒茶？……"（《儿女英雄传》一五回，255）

（10）他让我去了两趟图书馆。

例（9）中的"这家伙给二叔倒茶"有可能是姑爷直接指使的，也有可能是"姑爷的不作为"导致的。例（10）中的"他让我去了两趟图书馆"也可以理解为"因为'他'的某种原因我去了两趟图书馆"，这样句子也可以理解为抽象使役句，表达致使义。

（二）所使的语义特点

李炯英（2012：65）认为，"无生命的实体不会做出认知决定来与致事相对抗，而是直接接受致事发出的动能，因此'所使'的原型是无生命的实体"。牛顺心（2014：40）则主张使令句的"所使"一般是生命度较高的主体，而抽象使役句的"所使"既可以是生命度高的主体，也可以是生命度低的事物。郭浩瑜、杨荣祥（2012）从"控制度"的角度来说明处置式中 N_2 对 N_1 的受控力度，认为这种"控制度"和 N_1、N_2 的生命度有一定的关系。从"致使力"在整个致使结构中传递的角度来看，我们认为分析型致使结构中"所使"的语义原型是生命度高的人物名词，这样作为"兼语"部分的"所使"就能在获得"致事"传递的动能的基础上完成后面的动作，

第二章　近代汉语分析型致使结构的语义特点、类别及其和相关句式的联系

这在使令句中表现得很明显，如：

(11) 太守即遣人随其往，寻向所志。(《陶渊明集·桃花源记》)

(12) 当时有敕：令中书门下，排比释、道、儒三教，同至福光寺内，迎请远公入其大内供养。(《敦煌变文·庐山远公话》卷二，267)

例(11)中的"所使""人"在"太守"的命令下"随其往，寻向所志"，例(12)中的"所使""中书门下"在敕令下"排比释、道、儒三教……"

当"所使"为生命度低或无生事物时，"所使"不可能是动作的执行者，因此后面的VP不太可能是动作动词，往往变成了对"所使"的状态或性质的描述，如：

(13) 门徒尽被兹将，遣我不存生路，到处即被欺陵，终日被他作祖。(《敦煌变文·降魔变文》卷四，552)

(14) 使根固枝繁永不枯，四海万方为一统。(《敦煌变文·维摩诘经讲经文》卷五，801)

(15) 前时小饮春庭院。悔放笙歌散。[宋·柳永《御街行》(前时小饮春庭院)，《全宋词》，22]

例(13)至例(15)都是对"所使""我""根""笙歌"的状态描述。之所以会出现这种情况，是因为当"所使"为人或组织时，在接受了"致事"(生命度高的人物名词)的动能之后，能够完成后面的动作。如果"致事"为生命度低的事物或小句时，即使"所使"为人物名词，也不能完成后面的动作，后面的VP就成为对"所使"状态的描述，这是因为当"致事"生命度低时，"致事"对整个致使结构只能提供抽象而不是具体的"致使力"，无法具体影响到后面的"所使"对动作的完成。

从上面的分析来看，生命度高的"致事"能够为整个分析型致使结构提供具体的"致使力"，生命度低的"致事"只能提供抽象的"致使力"(表示原因)。生命度高的"所使"能够在具体"致使力"的作用下完成后

面的动作,而生命度低的"所使"不能完成后面的动作,后面的VP成为对"所使"的状态或性质的描述。

(三)致使能量的语义特点

"致使能量"是指分析型致使结构中的"V_1","致事"只有通过V_1才能完成"力"的传递,并对N_2的行为或状态产生影响。使令句中的"V_1"一般都具有明显的词汇意义,不过整个兼语结构具有明显的使令义。范晓(1998)、宛新政(2005:150~153)根据句法语义特点,将现代汉语使令句中的V_1分为六类:"催逼"类、"培养"类、"派遣"类、"嘱托"类、"带领"类和"请求"类。从历史发展来看,何乐士(1992:65)认为"使令兼语式先由'使令、派遣'类的用法发展起来,继而扩展到其他方面",他将《史记》使令句中的V_1分为三类:使令派遣类、劝诫类和封职任免类。我们知道,这些使令动词在表达致使意义上存在程度上的强弱差异,这种差异主要体现在兼语结构中N_1和N_2之间的"力"的作用关系上。抽象使役句中的V_1来源于使令句中V_1的虚化。牛顺心(2014:58~59)探讨了"致使词产生的机制",认为"致使词的产生必定经历具体使令动词、使令词、致使词三个阶段",并认为"发生使令化、致使化的结构基础是$N_1 + V_1 + N_2 + V_2$"。在现代汉语方言中,"赐"(曹茜蕾、贝罗贝,2007)、"请"(姚双云,2012)都发展成了致使词。在近代汉语阶段,汉语产生了很多致使动词,如"教、叫、让、与、给、遣、放、着、要、得"。近代汉语中的致使动词之所以这么复杂,一方面可能存在方言因素;另一方面可能与近代汉语语法的芜杂性有关。之所以存在这种芜杂性,刁晏斌(2001:10)认为,"语法是处于不断的发展变化中的,在这个发展变化的过程中,在旧形式的基础上,又能产生新的形式,而新旧形式大致都有一个并存的阶段。此外,再加上那些时代缺乏严格统一的标准和规范,这样,人们在语言运用中有时就表现出一定的随意性"。

致使义处置式的产生也可以看作"将/把"进一步虚化的结果。"将/把"的词汇义在致使义处置式中进一步丢失,这种丢失是由"致事"和"所使"的语义关系决定的。"将/把"在"$N_1 + V_1 + N_2 + V_2$"这种句法结构中的进一步虚化和致使词("教、叫、让、与、给"等)的虚化在结果上

第二章　近代汉语分析型致使结构的语义特点、类别及其和相关句式的联系

是一样的，即都导致句子表达致使义。

分析型致使结构中的 V_1 在历史发展过程中经历了从实义动词到致使词的转变，甚至其发展成被动标记都是在"$N_1 + V_1 + N_2 + V_2$"结构上完成的，因此使令句、抽象使役句和来源于使役句的被动句存在共同的语义基础。

我们知道，致使能量或力的传递贯穿着整个分析型致使结构。从致使力的作用方式来看，周红（2006）将致使结构中的 V_1 分为四类：动作致使动词、言语致使动词、心理致使动词和泛力致使动词（分别对应物理致使、言语致使、心理致使和泛力致使）。其中泛力致使动词表现的是一种抽象、泛化的致使力，而动作、言语和心理致使动词表现的是一种具体的致使力。因此使令动词可以依据致使力的强弱和作用方式做进一步的分类。

（四）致使结果的语义特点

"致使结果"是分析型致使结构中"力"传递的终点，一般表现为 N_2 的外在动作或内在状态，如：

（16）……又留他吃了些酒，假喃喃的道："没要紧又做这场恶。"（《三刻拍案惊奇》二六回，182）

（17）你二娘使我送头面来。怎的不见动静？（《金瓶梅词话》一七回，184）

（18）似此人家，使子陷于官司，大则身亡家破，小则吃打受牢。（《金瓶梅词话》三五回，406）

例（16）（17）的"致使结果"表现为 N_2 的外在动作（"吃了些酒""送头面来"），而例（18）则表现为 N_2 的内在状态（"陷于官司"）。

使令句中的"致使结果"都表现为 N_2 的外在动作，而抽象使役句中的"致使结果"则表现为 N_2 的内在状态。张丽丽（2005）、朴乡兰（2010）和牛顺心（2014：42）将"致使结果"分为两种情况：一种是由自主动词组成，对应使令义；另一种是由非自主动词组成，对应致使义。不过，自主动词和非自主动词的分类有些时候并不能完全区分"使令义"和"致使义"。如：

(19) 我不当有安丰之行，使友谅乘虚直捣应天，大事去矣。(《明史·太祖本纪》，87)

(20) 老头子一见，又不愿意了，说："姑爷，你瞧。怎么使这家伙给二叔倒茶？……"(《儿女英雄传》一五回，255)

例（19）和例（20）都是由自主动词来充当"致使结果"，但是整个句子不是表达使令义，而是表达致使义。这是因为例（19）中的主语不是人或组织，而是一个背景原因（"我不当有安丰之行"）。而例（20）中，并不是"姑爷"叫"这家伙给二叔倒茶"，而是"姑爷"的某个行为导致"这家伙给二叔倒茶"，比如说"姑爷"的不作为或某个眼色使得"这家伙给二叔倒茶"，这涉及说话人对 N_2 的动作参与度的主观看法。当然这个句子之所以会存在两种理解，是因为"致事"的生命度较高，能成为动作的直接执行者，如果"致事"为无生命的事物名词，整个句子就只能理解为抽象使役句。

马庆株（1992：23）认为，"自主义素经常和句中其他单位的语义发生关系，于是产生了义素的指向问题。自主义素指向有生的施事主体，而施事主体不一定被选作话题，不一定占据主语的位置，也不一定出现在句中，因此自主义素不一定指向主语，指向主语只是在施事主体被选作话题的时候"。因此，我们认为区分使令义和致使义还应该将"致事"和"所使"的生命度考虑进来。当"致事"是生命度低的名词或缺失时，句子表达致使义；当"致事"是生命度高的名词时，如果"所使"是生命度低的名词，则句子表达致使义，如果"所使"是生命度高的名词，则句子表达使令义。如：

(21) 他让我去图书馆借了本书。

(22) 可是，姑母居然敢和这位连神佛都敢骂的老太太分庭抗礼，针锋相对地争辩，实在令人不能不暗伸大指。(老舍《正红旗下》)（转引自牛顺心，2014：43）

(23) 四季美景使人心旷神怡，科学世界令人心驰神往，美好情感让人感动回味。

第二章　近代汉语分析型致使结构的语义特点、类别及其和相关句式的联系

（24）他使本来混乱的局面更加不堪了。
（25）他让我很不爽。

上面的例句中，例（21）是使令义，其他例句都是致使义。例（22）的"致事"不是"姑母"，而是"姑母"的一系列行为。例（24）和（25）的"致事"也不是"他"，而是"他"的某些言行或特点。

实际上，根据"致事"和"所使"的生命度来区分"使令义"和"致使义"的根源在于，只有生命度高的名词才能对其他事物发出具体的而不是抽象的作用力，只有生命度高的名词才能在具体作用力的指导下完成具体的动作行为，即"所使"对后面动作的参与度有强弱差异，最弱的情况就是对"所使"的状态描写。

学界对"致使结果"进行了更为详细的区分。范晓（1998：169~181）在语义上将"使字句"中的 VP_2 分为六类：动作动词、变化动词、状态动词、心理活动动词、性状形容词和"有"类动词①。李炯英（2012：150~151）通过对现代汉语语料库的计量分析，将"致使结果" VP_2 分为五类，并统计了各类语义类型所占的比例（见表2-1）。

表2-1　结果事件中 VP_2 的统计分析与语义分类

VP_2语义类型	数量（个）	比例
行为活动类动词（+自主性）	249	31.1%
心理/感知类动词（-自主性）	169	21.1%
情感/生理类动词（-自主性）	116	14.5%
呈现/变化类动词（-自主性）	136	17.0%
性质/状态类形容词（-自主性）	130	16.3%

资料来源：转引自李炯英（2012）。

不过，这些分类都是基于现代汉语语料统计的，我们在分析历史上汉语分析型致使结构中 VP_2 的语义类型时要从具体时代的实际语言出发，不能拘泥于这些分类。

---

① 范文所说的"有"类动词主要包括"有、具有、占有、含有"等。例如：十六师的不作为使敌人占有了河对面的高地。

二 近代汉语分析型致使结构的语义类别

如前所述，我们将近代汉语分析型致使结构限定在使令句、抽象使役句、致使义处置式、致使性重动句等几类上。在此，我们来看一下近代汉语分析型致使结构各小类的语义表达情况（见表2-2）。朱琳（2011：61）从致使类型学的角度将使令句看成社交性致使，而将抽象使役句看成间接致使。从致使原因和致使结果的融合程度来看，致使结构可以被分为词汇型、形态型和分析型。近代汉语分析型致使结构各小类中原因和结果小句的融合程度也存在差异，其中致使性重动句融合程度最低，其次是使令句和致使义处置式，融合程度最高的是抽象使役句。

表2-2 近代汉语分析型致使结构各小类的语义表达情况

句式	句义	
	使令义	致使义
使令句	+	-
抽象使役句	-	+
致使义处置式	-	+
致使性重动句	-	+

第二节 近代汉语分析型致使结构、处置式和被动式三者之间的联系

关于近代汉语分析型致使结构和处置式、被动式的关系，本节通过以下三方面来加以讨论。第一，对使役和被动兼用情况的考察；第二，对来源于使役句的被动句（可以看作更虚化的使役句）和被字式被动句差异的考察；第三，对语法具有多功能性（致使义、处置义和被动义）的"把"进行考察。

一 近代汉语中使役和被动兼用情况

关于汉语使役和被动兼用的情况，学者多有探讨，可以参考冯春田（2000：613）、蒋绍愚（2012：346）、朴乡兰（2010）、江蓝生（2000：

第二章 近代汉语分析型致使结构的语义特点、类别及其和相关句式的联系

221）等人的论述。桥本万太郎（1987）认为汉语使役动词兼作被动标记是汉语受阿尔泰语影响的结果，而且认为汉语南北方言在这一点上至今仍有较明显的差异。江蓝生（2000）认为汉语使役、被动兼用完全能用汉语的历史文献和汉语的本质特征做出合理的解释。汉语使役和被动兼用在南北方言中的差异只是词汇选择的不同，没有类型上的区别。蒋绍愚（2012：364）则主要从汉语内部的自身发展规律方面探讨了汉语使役句的重新分析，而且认为"'使'字句、'令'字句作为使役句的时间太长了，在语言使用者的脑子中已经形成了一种十分固定的印象：它们就是表示使役的，不可能和被动句混淆"。洪波、赵茗（2005）也认为并不是所有的使役动词都可以转化成被动标记，只有使役性最弱、对施事的依赖性最弱的容让型使役动词才具备转化的可能性。我们在近代汉语文献中可以找到这样的用例：

（1）于是获收珍宝，脱下翻（幡）旗，埋着地中，莫<u>令</u>贼见。（《敦煌变文·李陵变文》卷一，136）

（2）异方歌乐，不解奴愁；别城（域）之欢，不<u>令</u>人爱。（《敦煌变文·王昭君变文》卷一，156）

（3）古来久住<u>令</u>人贱①，从前又说水烦昏。（《敦煌变文·捉季布传文》卷一，91）

（4）刘家太子，逃逝多时，不知所在。汝乃莫<u>令</u>人知，往彼看探。（《敦煌变文·前汉刘家太子传》卷二，247）

（5）感得天（大）罗宫帝释，差一神人，送此符本一卷与净能，令净能志心勤而学，勿<u>遣</u>人知也。（《敦煌变文·叶净能诗》卷二，337）

（6）谁知他贼人胆虚，只当鸳鸯已看见他的首尾了，生恐叫喊起来<u>使</u>众人知觉更不好。（《红楼梦》七一回，977）

上面例句中的"令""遣""使"都可以理解为"被"，只不过这种例

---

① "贱"在这里可以理解为"嫌弃"，句子的意思是"从古而来，（在一家）借住久了会被人嫌弃"。

子比较少而已。造成这种情况的原因有两个：一是"致事"的生命度低（事件或行为），句法表现为小句，而不是能发号施令的个人或团队，这样主语就容易理解为受事；二是 VP₂ 都不是动作类动词，而是心理或情感类动词，这些动词在句子中最容易模糊动作的方向，使得其具有重新分析的可能。

"教（叫）"、"让"、"给"和"与"只有置于"$N_1 + V_1 + N_2 + V_2 + (X)$"的语法环境才能兼有被动义，这种句法格式是汉语使役和被动兼用存在的格式基础。这种句法格式有三个特点。

其一，句子语义表达的重心在 V_2 上，V_1 语义虚化，使得整个连动句式的动作方向性不明确。当动作从 N_1 到 N_2 时，句子表现为使役句，当动作从 N_2 到 N_1 时，句子表现为被动句。由于汉语没有形态标记，这种转化更加自由。

其二，V_2 后面"X"的成分复杂化。V_2 后面可以出现结果补语、介词短语、宾语、体标记、数量词等成分，这使得 V_2 和 N_1、N_2 的语义关系复杂化。在古汉语中"X"可以是代词复指前面的主语，如"民可使由之，不可使知之（《论语·泰伯》）"这个例句中"之"的出现使得"由"和"知"的受事不可能是"民"，因此"使"不可能分析出被动义。但是当其他成分代替"之"之后，"使"就可能重新分析出被动义。

其三，V_1 的使役性强弱决定了 V_2 动作自主性的强弱。V_1 使役性越弱，V_2 的动作自主性越强，对 N_1、N_2 的约束性越强。

我们来看一下部分动词（介词）在被动句和使役句中的兼用情况（见表 2-3）。

表 2-3 部分动词（介词）使役和被动兼用的情况

动词（介词）	句义	
	被动义	使役义
被	+	?
让	+	+
叫	+	+
使（令）	?	+

第二章　近代汉语分析型致使结构的语义特点、类别及其和相关句式的联系

表2-3中的"被"能够表示致使意义,不过有严格的条件限制,就是"被"前面没有出现受事主语,后面的动词是不及物动词。如:

(7) 朱仝告道:"小人自不小心,路上被雷横走了,在逃无获。"(《水浒传》五一回,675)

表2-3中使役动词的使役性强弱是不同的,"使(令)(命令性致使) > 叫(处置性致使) > 让(容让性致使)",使役动词的使役性越弱越容易兼用为被动句。从语义上来说,汉语被动义的反面是致使义。在句式"N_1 + 教(叫)/让 + N_2 + V + (X)"中,使役句的动作方向从 N_1 到 N_2,被动句的动作方向从 N_2 到 N_1,由于汉语句子中动词的主动和被动没有形态标记,所以这两种语义在同一句式中能够相互转化。

二　来源于使役句的被动句和"被"字式被动句的差异

我们知道,很多使役动词都能够充当被动标记,这是使役动词虚化的较高阶段。这种来源于使役句的被动句还保留着使役句的某些特点,和"被"字式被动句存在一定的差异。

现代汉语中的被动句内部存在着这样的差异:"被"字式被动句中的施事可以出现,也可以不出现,而"给"字式、"让"字式和"叫"字式被动句中的施事需要出现。如①:

(8) 张三今天被批了一顿。
(9) 张三今天给批了一顿。*
(10) 张三今天叫批了一顿。*
(11) 张三今天被老师批了一顿。
(12) 张三今天给老师批了一顿。
(13) 张三今天叫老师批了一顿。

---

① 句子标注*表示不成立或说法不自然,下同。

39

上面的例（8）、例（11）、例（12）、例（13）是成立的，而例（9）和例（10）的说法不太自然。关于"给"字式被动句中的施事需要出现，有人可能会有不同的意见，认为有些被动句中的施事就可以不出现，如下面的例子。

(14) 我记性不好，保不住就给忘了。
(15) 今天没带伞，赶上一场大雨，衣服和鞋子都给淋湿了。
(16) 刘翔的小腿给拉伤了。
(17) 出了一趟差，笔记本给弄丢了。
(18) 账给算错了，这下老李损失大了。
(19) 逛了一下午的街，手提包给忘在商场里了。

其实这类句子都是受事主语句，即意念上的被动句，它们的谓语都具有作格性，是受事出现在动词前的句子。我们可以观察下面的变换：

(14a) 我记性不好，保不住就给忘了。→（14a$_1$）我记性不好，保不住就忘了。
(15a) 今天没带伞，赶上一场大雨，衣服和鞋子都给淋湿了。→（15a$_1$）今天没带伞，赶上一场大雨，衣服和鞋子都淋湿了。
(16a) 刘翔的小腿给拉伤了。→（16a$_1$）刘翔的小腿拉伤了。
(17a) 出了一趟差，笔记本给弄丢了。→（17a$_1$）出了一趟差，笔记本弄丢了。
(18a) 账给算错了，这下老李损失大了。→（18a$_1$）账算错了，这下老李损失大了。
(19a) 逛了一下午的街，手提包给忘在商场里了。→（19a$_1$）逛了一下午的街，手提包忘在商场里了。

例（14）至例（19），去掉"给"之后，句子成为受事主语句，照样成立，在意念上表示被动。"给"在这里并没有起到被动介词的作用，《现代汉语词典》（2012：442）就把这种"给"看作助词，"直接用在表示被

第二章　近代汉语分析型致使结构的语义特点、类别及其和相关句式的联系

动、处置等意思的句子的谓语动词前面,以加强语气"。

我们对比下面两组例句:

(20) 我<u>被</u>批评了。→我<u>给</u>批评了。*→我<u>叫</u>批评了。*

(21) 虫子都<u>被</u>消灭光了。→虫子都<u>给</u>消灭光了。→虫子都<u>叫</u>消灭光了。*

可以发现在现代汉语中,"被"字式被动句的施事者出现或隐含很自由,"叫"字式被动句的施事者一般必须出现,"给"可以不带施事出现在受事主语句中(这里的"给"可以看作助词),但在其他的句子中施事者也应该出现。

现代汉语中的被动句式为什么会出现这种共时层面的差异,我们可以从历时来源上加以考察。

汉语中最典型的被动句是"被"字式被动句,"被"原本是个表示遭受义的实义动词,后来经过重新分析才演变为被动标记。如:

(22) 秦王复击轲,<u>被</u>八创。(《战国策·燕策三》)

(23) 今兄弟<u>被</u>侵,必攻者,廉也;知友<u>被</u>辱,随仇者,贞也。(《韩非子·五蠹》)

(24) 身尊家富,父子<u>被</u>其泽。(《韩非子·奸劫弑臣》)

(25) 处非道之位,<u>被</u>众口之谮。(《韩非子·奸劫弑臣》)

(26) 地小人众,数<u>被</u>水旱之害。(《史记·货殖列传》)

(27) 亮子<u>被</u>苏峻害。(《世说新语·方正》)

例(22)中的"被"后面接的是个名词,因此它是个典型的动词,表示"遭受"义。例(23)中的两个"被"后面接的都是动词,这其实是例(22)的发展,由于汉语词类跟句子成分之间不存在简单的一一对应关系,动词和形容词可以做主宾语,所以汉语中的动词可以不需要形式上的任何改变,直接充当主宾语。这种句法环境就为"被"的重新分析提供了可能,当句子的语义重点倾向于后面的"侵"和"辱"的时候,"被"的动词义

41

就逐步虚化。不过，在这里我们仍然可以将"被"理解为实义动词，把"侵"和"辱"看作"被"的宾语。例（24）中的"被"后面跟的是个偏正短语，由于偏正短语是个向心结构，其功能相当于一个名词，因此这里的"被"也是个动词，表示"蒙受"义。例（25）和例（26）是例（24）的发展，这是由于汉语中的动词可以和名词一样做偏正结构中的中心语，所以"潜"、"害"和"泽"可以置于同一语法位置上。"其泽"、"众口之潜"和"水旱之害"都是偏正结构做"被"的宾语。例（27）中的"苏峻害"仍然可以被我们理解为"苏峻之害"［和例（26）中的"水旱之害"一样］，充当"被"的宾语。我们知道汉语中的名词能自由修饰名词，"木头桌子"等同于"木头的桌子"，但是名词修饰动词情况就不一样了，"木头腐烂"既可以理解为主谓结构，也可以理解为偏正结构（木头的腐烂）。这才导致了"被苏峻害"具有两种分析，一种是将"苏峻害"理解为偏正结构，另一种是理解为主谓结构，后一种理解是将句子重新分析为被动句的基础。

通过上面的分析，我们可以理清"被"字式被动句的两个演变过程：①例（22）→例（23）；②例（24）→例（25）（26）→例（27）。可以描述如下：①"被+N→被+V→被+V+（X）（'X'为后续成分）"；②"被+N₁+N₂→被+N+V→被+N+V+（X）"。我们知道现代汉语"被"字式被动句中的动作施事可以出现，也可以不出现，正好和这两种演变途径相符合。

在上面所描述的演变过程中，例（27）中的"苏峻"和"害"的关系比较密切。而且这种位置的改变带来了句子语义表达重心的变化，"亮子被害于苏峻"和"亮子被苏峻害"的语义重心明显不同。当施事者不是人或是无生命的事物的时候，这种变化更明显。

我们知道句法结构分为向心结构和离心结构。向心结构就是至少有一个直接成分跟整体的语法功能相同的结构，而离心结构则是所有的直接成分都跟整体的语法功能不同的结构。根据前文分析的古汉语中"被"字句的发展过程，"被"字的动词义越来越虚化，而句子的语义重心不断后移。我们知道作为向心结构的述宾结构和述补结构处于句子核心地位是不能无标记指称化的，而主谓结构在这种情况下是有可能实现指称化的。我们来看下面的例句：

第二章　近代汉语分析型致使结构的语义特点、类别及其和相关句式的联系

(28) 吾<u>被</u>皇太后征，不知所为。(《三国志·魏书·高贵乡公传》)
(29) 兄固<u>被</u>召诣校书郎。(《后汉书·班超传》)
(30) 祢衡<u>被</u>魏武谪为鼓吏。(《世说新语·言语》)

例（28）中的"被"仍然可以看作句子中的主要动词，而"皇太后征"这个主谓结构可以理解为"皇太后之征"，作为"被"的宾语。而例（29）和例（30）则不能这样理解。

现代汉语中的"被"字式被动句中的施事者不出现的原因在于第一个发展过程"被+N→被+V→被+V+（X）"，施事者出现的原因在于第二个发展过程"被+N$_1$+N$_2$→被+N+V→被+N+V+（X）"。"被"最初是个表示遭受义的二价动词，因此有"被+V"和"被+N+V"两种语法结构，也正因为如此，可以将"被"字式被动句理解为一个嵌入结构，将"被"看作句子中的主要动词。如："我被小偷从我身上偷走了钱包"可以理解为"我被（小偷从我身上偷走了钱包）"。

这和下面要讨论的"教"字式被动句、"给"字式被动句和"与"字式被动句有很大差别。

蒋绍愚（2012）详细地探讨了"教"字句表示被动义的发展过程。关于"教"字句表示被动的条件和原因，蒋绍愚从汉语内部的自身发展规律方面探讨了汉语使役句，认为下面三点是汉语使役标记转化成被动标记的条件或原因：第一，汉语的动词表示主动和表示被动在形式上没有区别；第二，"教"字句的谓语动词是及物的；第三，"教"字前面不是施事主语，而是受事主语。

蒋文通过以下例子详细地描述了"教"字句演变为被动句的过程。

(31) 迥无斜影<u>教</u>僧踏，免有闲枝引鹤栖。（唐·杜荀鹤《题瓦棺寺真上人院矮桧》，《全唐诗》卷692-10）
(32) 棹遣秃头奴子拨，茶<u>教</u>纤手侍儿煎。（唐·白居易《池上逐凉》，《全唐诗》卷456-28）
(33) 以前虽被愁将去，向后须<u>教</u>醉领来。（唐·皮日休《奉酬鲁望惜春见寄》，《全唐诗》卷613-9）

(34) 袭人忙道："我才倒茶，叫雪滑倒了，失手砸了钟子了。"（《红楼梦》第八回，117）

例（31）中的"教"字句既可以理解为使役，也可以理解为被动。例（32）中的"教"前面出现了受事主语"茶"，但是"教"和"遭"对举，说明还不能将"教"理解为"被"。例（33）中的"教"和"被"对举，说明"教"字句完全可以被理解为被动句了。例（34）中的施事是无生命的"雪"，"教"字句最终完成了向被动句的转化。从上面的例句也可以看得出"教"字句发展成被动句的语义环境是"N_1 + 教 + N_2 + V +（X）"，由于语法化的滞留原则，N_2被保留下来了，一直存在于现代汉语中。

关于"给"字句发展为被动标记，蒋绍愚（2012：323~345）认为"给"从表示"给予"到表示被动是这样一种发展路径："给"（给予）→"给"（让，叫）→"给"（被）。然后再由类推完成。蒋文谈到了"给"在发展成被动标记的过程中需要经历使役这个中间环节，而且着重探讨了从"使役"到"被动"这一发展过程的条件和原因，认为受事主语句的出现是演变的关键。我们知道，"给"字句发展成被动句的句法格式是"N_1 + 给 + N_2 + V +（X）"，由于语法化的滞留原则，N_2被保留下来了，一直存在于现代汉语中。

在古代汉语中表达"给予"义长期使用"与"字，在近代汉语中，"与"字也发展出了被动标记的用法①。唐代以后，"与"可以出现在这样的语法环境中，即"与 + N + V +（X）"②。如：

(35) 天子与你官，俸禄由他授。（《王梵志诗·天子与你官》卷三，228）

(36) 尊人与酒吃，即把莫推辞。（《王梵志诗·尊人与酒吃》卷

---

① 江蓝生（2000）指出，在古代汉语中"与"就有用作被动标记的例子，如"吴王夫差栖越于会稽，胜齐于艾陵，为黄池之遇，无礼于宋，遂与勾践禽，死于干隧"（《战国策·秦策五》）。此观点可供参考，这里不展开讨论。

② 关于"与"从使役到被动的演变过程可以参考郑宏（2009）的论述，这里主要从施事隐现的角度来讨论这个问题。

第二章　近代汉语分析型致使结构的语义特点、类别及其和相关句式的联系

四，273）

（37）大庆，与七德舞偕奏于庭。（唐·李世民《幸武功庆善宫》，《全唐诗》卷1-5）

（38）春风多可太忙生，长共花边柳外行。与燕作泥蜂酿蜜，才吹小雨又须晴。（《秋崖集·春思》，239）

（39）天子愚暗痴呆，与人穿着鼻，成个甚么朝廷？（《新编五代平话·唐史》卷上）

（40）宋江哭道："却才你与兄弟张顺附体，杀了方天定这贼。……"（《水浒传》一一五回）（转引自郑宏，2009）

例（35）的语法结构是"与+N₁+N₂"，其他例子的语法结构是"与+N+V+（X）"（X为后续成分，例如介词短语、宾语等）。例（36）中的"与酒吃"没有"使役义"，原因在于"吃"这个动作不是"酒"发出来的，所以"与"还是"给予"义。例（37）、例（38）中的"与"相当于"让，使"，"七德舞""燕"是动作"奏""作"的主体。例（39）、例（40）中，V是及物动词，前面存在（或意念上存在）受事主语，"与"在这里就发展为被动标记了。我们可以把这一过程描述如下：

阶段①是"与"的双宾语结构，"与"是实义动词，表示"给予"；
阶段②中的"与"表示"使役"义或"被动"义；
阶段③中的"与"表示"被动"义。
①与+OD+OI（N）→②与+OD+OI（V）→③与+OD+OI（V）+（X）

在所调查的"与"字式被动句的用例中，"N（施事）"都是必须出现的成分，这和"给"用作被动标记的情况是一样的。

上面分析了近代汉语中"教"、"给"和"与"用作被动标记的情况，"教"字式、"给"字式和"与"字式被动句都来源于它们使役用法的重新分析。因此在某种意义上，这种被动句可以看作表达被动意义的使役句，由于句式语法化的滞留原则，这种被动句的施事（使役句的所使）成为足

45

句成分,一般不能省略。这和"被"字式被动句的来源有很大的差异,"被"字式被动句并不是由使役句重新分析而来的,因此其施事出现和不出现都比较自由,并不影响句子的完整性。

三 近代汉语中多功能(处置、致使、被动)语法标记——"把"

近代汉语中多功能语法标记"把"可以用作处置标记、致使标记和被动标记,分别表达"处置义"、"致使义"和"被动义"。下面我们分别来论述。

(一)"把"用作处置标记,表达处置义

处置标记是"把"最常用的语法功能,关于"把"由实义动词发展成处置标记的过程,前人多有论述,可以参看祝敏彻(1957)、蒋绍愚(1999)等人的著作,本书不打算讨论。学界一般将近代汉语处置式分为狭义处置式、广义处置式和致使义处置式,从处置式的发展过程来说,这是可取的。不过,狭义处置式和广义处置式主要表达的是处置义,而致使义处置式主要表达的是致使义,即"把"可以用致使词"使"进行替换。我们知道,处置义和致使义是两个完全不同的语义范畴,因此,从表义范畴来看,狭义处置式、广义处置式和致使义处置式是两种句式意义完全不同的句式。从这个角度来看,由于致使义处置式不表达处置义[①],所以不能被称作处置式,不过,考虑到行文习惯,本书仍采用"致使义处置式"这个术语。

吴福祥(2003)认为不同的处置式经历了如下"一以贯之"的发展历程:"连动式 > 工具式 > 广义处置式 > 狭义处置式 > 致使义处置式。"其中"连动式 > 工具式 > 广义处置式"是重新分析,"广义处置式 > 狭义处置式 > 致使义处置式"是功能扩展。将汉语处置式的发展看作一个连贯的过程是有道理的。"把"用作处置标记,可以分为狭义处置式和广义处置式。狭义处置式论元结构是一个及物式,谓语动词通常是一个及物动词,有时候带

[①] 从处置式的发展演变过程来看,致使义处置式可能仍然具有"处置"的语法意义,这种"处置"意义体现在说话人的主观意愿上,即 N_1 是 N_2 所发生的状态变化(V_2)的诱导因素。

第二章 近代汉语分析型致使结构的语义特点、类别及其和相关句式的联系

上补语，所以就"处置"的角度来说，狭义处置式比广义处置式的处置性要强。广义处置式通常是一个双及物式，述语动词所表示的动作涉及两个域内题元，语义上处置性较弱。如：

（41）莫言鲁国书生懦，莫把杭州刺史欺。（唐·白居易《戏醉客》，《全唐诗》卷443－95）

（42）若把白衣轻易脱，却成青桂偶然攀。（唐·杜荀鹤《恩门致书远及山居因献之》，《全唐诗》卷692－137）

（43）把舜子头发，悬在中庭树地，从项决到脚腕，鲜血遍流洒地。（《敦煌变文·舜子变》卷二，200）

（44）二人回来，把钩子靠在门旁，褡裢儿放在桌上。（《歧路灯》三三回，135）

例（41）和例（42）是狭义处置式，例（43）和例（44）是广义处置式。

我们可以把处置式表述为：N_1 + 把 + N_2 + VP。从语义上来看，广义处置式内部存在能量传递，最后都达到了某种目的和结果。例（43）和例（44）都进行了物体传递，结果是"舜子头发悬在中庭树地""钩子靠在门旁，褡裢儿放在桌上"。广义处置式的 VP 多表现为状态性。狭义处置式的 N_1 一般具有有生性，但也可以向无生性事物扩展，N_2 在语义上是 V 的受事，这使狭义处置式能够轻易地变换成被动句，如：他把桌子收拾干净了→桌子被他收拾干净了。狭义处置式的 VP 倾向于动作性。这样我们可以把狭义处置式和广义处置式的内部组成要素的语义差异概括为表2－4。

表2－4 狭义处置式和广义处置式的语义差异

句法结构	句式	
	狭义处置式	广义处置式
N_1	±有生性	±有生性
把	——	——
N2	V 的受事	不是 V 的受事
VP	动作性	状态性

47

(二)"把"用作致使标记,表达致使义

"把"在近代汉语中逐渐偏离了"处置义",发展出了"致使义"。吴福祥(1996)将"致使义处置式"界定为"介词'P'所引出的受动者,受主体的某种支配而产生某种结果(状态)或发生某种变化",并指出"致使义处置式中的谓语大都是非行为动词或形容词,所以语义上处置性不太显著,倒与使役动词构成的兼语式语义相近"。王力(1985)将其解释为"处置式的活用"。郭浩瑜(2010:107)从 N_1 对 N_2(或整个句子所表示的事件)控制度的角度解释了致使义处置式和广义处置式、狭义处置式、工具式等的差异,加深了对致使义处置式的认识。我们知道,近代汉语中的狭义处置式、广义处置式和致使义处置式在句法结构上都属于 V_1NV_2 句,它们在表层结构上是一致的,但内部组成成分的语义关系不同,这导致了表义上的差异。致使义处置式与狭义处置式、广义处置式的区别在于处置标记后的宾语在语义上是动词的当事或施事,而不是受事。我们认为致使义处置式是一般处置式结构进一步虚化的结果,在语义上表现为"致事+致使能量(把)+所使+致使结果",其中"致事"多为生命度较低的事物、小句或主体行为,自主性较弱。"致使结果"一般为非自主动词,多为对"所使"的状态进行描述。"所使"具有有生性和自控性。我们来看下面的例句:

(45)散唱狂歌鱼未取,不把身心干时务。[宋·杜安世《凤栖梧》(任在芦花最深处),《全宋词》,185]

(46)南楼把手凭肩处,风月应知。[宋·晏几道《采桑子》(秋来更觉消魂苦),《全宋词》,250]

(47)壮志男儿,当年高士,莫把身心惹世埃。[宋·张继先《沁园春》(真一长存),《全宋词》,756]

(48)休把闲心随物态,何事,酒生微晕沁瑶肌。[宋·苏轼《定风波》(好睡慵开莫厌迟),《全宋词》,289]

例(45)至例(48)中的"身心""手""闲心"都是以身体局部指代

第二章　近代汉语分析型致使结构的语义特点、类别及其和相关句式的联系

整个人，因此作为"所使"具有有生性和自控性。

下面我们来讨论致使义处置式的内部组成要素的语义特点（见表2-5）。

表2-5　致使义处置式的语义特点

要素语义	语义特点		
致事	±有生性	±意愿性	±参与性
致使能量	把（将）		
所使	+有生性	+自控性	
致使结果	±状态性	±已然性	

通过分析表2-5，我们可以发现致使义处置式的内部组成要素的语义特点相互影响、相互制约。第一，由于所使的有生性和自控性（即所使可以是动作的执行者），致事可以不具有有生性或不出现，一般是生命度较低的事物或缺省。如："这李逵不省得，倒先将竹篾提起了，把那一舱活鱼都走了。"（《水浒传》三八回，493）"那一舱活鱼都走了"的原因是"李逵的一系列行为"，而不是李逵本身。这一点也是致使义处置式和使令句（致事一般为生命度高的人物名词）所表现出来的致使力强弱差异的原因。第二，"致事"有可能不是动作行为的参与者，这导致"致使能量"有可能出现非物理性，即动作行为主要由"所使"来完成。第三，所使一般具有有生性，这导致 NP_2 有自控性，可以重新分析为施事或当事，整个句子具有致使义。

（三）"把"用作被动标记，表达被动义

近代汉语和现代汉语方言中都存在"把"字式被动句，虽然近代汉语中的"把"字被动句用例不多，但是在现代汉语方言中，特别是在南方方言中还大量存在。据《现代汉语方言大词典》（2002），在江苏句容、湖南黔阳和祁东、江西余干、湖北阳新、安徽宁国等地的方言中，都有由"把"充当被动标记的用例。如：

(49) 你怎么这么傻，把他骂了半天，不还口。（余干方言，"把"相当于"被"）

（50）荷叶把风吹倒了。（阳新方言，"把"相当于"被"）

（51）他把村里人撵跑了。（黔阳方言，"把"相当于"被）

据笔者调查，近代汉语"把"字被动句在宋代偶有用例，如：

（52）彩胜斗华灯，平把东风吹却。[宋·辛弃疾《好事近》（彩胜斗华灯），《全宋词》，1905]

（53）只有中间，些子少年，忍把浮名牵系。（宋·范仲淹《剔银灯·与欧阳公席上分题》，《全宋词》，11）

元代之后逐渐低频率出现。表 2-6 是近代汉语部分文献中"把"字被动句的使用情况。

表 2-6　近代汉语部分文献中"把"字被动句的使用情况

单位：例

文献	动词		
	把与	把（给予义）*	把（被动义）
《元曲选》	41	17	12
《金瓶梅词话》	23	11	3
《型世言》	18	13	3
《醒世姻缘传》	19	7	1
《红楼梦》	11	8	0

* 江蓝生、曹广顺（1997：9）认为，把相当于"给"，如："解士（事）把我离书来，交（我）离你眼去。"（《敦煌变文·舜子变》卷二，203）《新华方言词典》（2011：16）认为，把相当于北京话的"给"。如扬州、武汉、绩溪、丹阳、长沙、娄底、南昌、萍乡、黎川方言。扬州方言：(1) 把我一本书；(2) 买这个东子是他把的钱。

具体用例如下：

（54）这明明是天赐我两个横财，不取了他的，倒把别人取了去？（《杀狗劝夫》第二折，187）

（55）凤帏中触抹着把人蹬。狠气性，蹬杀我也不嫌疼。（《【中吕】阳春曲和酸斋〈金莲〉》）

第二章　近代汉语分析型致使结构的语义特点、类别及其和相关句式的联系

（56）你是男子汉大丈夫，把人骂了乌龟忘八，看你如何做人？（《欢喜冤家》一三回，156）

（57）西门庆笑道："咱恁长把人靠得着，却不更好了，咱只等应二哥来，与他说这话罢。"（《金瓶梅词话》第一回，14）

（58）若他不在，只见得姨娘，他一个不认账，叫我也没趣，况且把他得知了。（《型世言》二六回，234）

（59）伺候三年之后，变为牛、羊、犬、豕，生在世上，把人剥皮，把人炒骨，吃人秽污，受人打骂。（《三宝太监西洋记》八八回）

例（55）（属于元代语料）和例（59）都转引自鞠彩萍（2006：131），其中例（59）中的"把"和被动标记"吃"对举，很明显表示被动义。

"把"字被动句在近代汉语文献中出现的频率很低，这可能和"把"的主要功能是用作处置标记有关。我们知道，汉语中的处置式和被动句在语义上是相对的，当"把"兼表处置和被动标记时，在言语交际中容易造成歧义，这限制了"把"字被动句的进一步发展。在存在"把"字被动句的南方方言中，一般都不将"把"作为处置标记，例如，江西余干话中的处置标记一般使用"搁"。

从历史来源来看，"把"发展成被动标记经历了"给予义"这一中间过程，关于"把""给予义"的获得，学界有两种看法：一是认为来自于"把与"中"与"的词义沾染（黄晓雪、李崇兴，2004；郑宏，2012），不过这种转变应该满足两个条件，即"与"字词汇统一和"把与"使用比例的上升；二是认为"把"可以独立发展出"给予义"，这是因为有些汉语动词语义的方向性不明确，"把"可以由"握、持"义发展出获得义，再发展出给予义（黄碧云，2004）。我们看下面的例句：

（60）宝公曰："把粟与鸡呼朱朱。"时人莫之能解。（《洛阳伽蓝记》卷四）

（61）若将明月为侪侣，应把清风遗子孙。（唐·方干《李侍御上虞别业》，《全唐诗》卷653-8）

（62）把将娇小女，嫁与冶游儿。自隐勤勤索，相要事相随。（唐·

元稹《代九九》,《全唐诗》卷 422-17)

(63) 当初姊姊分明道,莫把真心过与他。(《敦煌曲子词集·抛球乐》,59)

(64) 譬之水,也有把与人少者,有把与人多者。(《朱子语类》卷三二)(转引自郑宏,2012)

(65) 汤饭俺每吃了,酒菜还没敢动,留有预备,只把参用。(《金瓶梅词话》七五回,999)

例(60)中的"与"和例(61)中的"遗"都表示给予义,不过在后面的发展中"把"和"与"连用的例句数量大大增加。

我们赞同"把"的给予义来源于"与"的词义沾染这一观点,朱德熙(2010:90)认为现代汉语中的"拨①、分、卖、教"等动词的不同的词汇意义里都包含一个共同的语义成分——给予。而且这种"给予义"的表现形式"与"可以省略。例如例句(66)至例(68)中的"与"都可以省略。

(66) 卓王孙不得已,分与文君僮百人,钱百万。(《汉书·司马相如传》)

(67) 数岁贷与产业,使者分部护,冠盖相望,费以亿计,县官大空。(《汉书·食货志》)

(68) 亮后为丞相,教与群下。(《三国志·蜀书·诸葛亮传》)

通过上面的分析,我们知道"把"在近代汉语和一部分南方方言中,可以表示"给予义、致使义、被动义、处置义",但是一般不能表示使令义。虽然"处置义"、"致使义"和"被动义"是三个完全不同的语义范畴,但是它们却能够通过同一个语法标记词"把"来呈现,并都存在一个表层结构"N_1 + 把 + N_2 + VP"。这是因为句式"N_1 + 把 + N_2 + VP"各构成成分之间的语义组合变换决定了最终句式的意义。这三种表义在历时的发

---

① 陈云龙(2011:273)认为,"'把'也写作'拨',元、明、清都见使用。'把'字式带有一定的方言色彩,现代吴方言里仍用'拨'表示被动"。

展过程中，经历了一个语法化过程，而构式"N_1 + 把 + N_2 + VP"中各组成成分之间的语义组合变换是这个构式语法化的动因。

从致使力的方向来看，处置义、致使义（$N_1 \rightarrow N_2$）和被动义（$N_2 \rightarrow N_1$）正好相反，而且能够相互转化，这就是"把"能够表达两种看似完全相反的语义句法格式的原因。通过对近代汉语中多功能语法标记"把"的考察，我们可以明白处置义、致使义和被动义能在同一个表层结构中相互转换，它们之间在语义上并没有严格的界限。

第三章

由多义使令动词构成的近代汉语
分析型致使结构

——使令句

第一节 使令句的分类

吕叔湘（1982：93）首次提到"致使句"这类句子，认为"这类句子的标准动词文言里是'使'和'令'，白话里是'叫'（教）等字，这类动词都有使止词有所动作或变化的意思，所以后面不但跟一个止词，还要在止词后面加一个动词构成一个词结"。吕文从表达"致使"这一语义的角度，将"使、令、叫""差、遣、命""劝、请""领、送"等词充当 V_1 的句子都认定为致使句。我们知道，由这类词所组成的兼语句在结构（$V_1 + N_1 + V_2 + N_2$）和语义上都具有相似性。谭景春（1995：129）从动词虚化的角度将使令动词分为三类：一类是单纯使令动词，即"使""叫""让"等；一类是复合使令动词，即除了本身的词汇意义，还有明显的使令义，如"劝""催"等；一类是使令义不明显或不含使令义的使令动词，如"他拉我起床"中的"拉"。谭文说的"拉"类词之所以具有使令义，主要是这种结构可以临时赋义，如例（1）至例（5）中的"目""改""磨""害""留"。

（1）范增数目羽击沛公，羽不应。（《汉书·高帝纪》）
（2）大历二年为给事中，画松石于左省厅壁，好事者皆诗之。改京兆少尹为右庶子。（《太平广记·名画记·毕宏》卷二一二，1792）

(3) 而今拼得献些殷勤,做工夫不着,磨他去,不要性急。(《初刻拍案惊奇·丹客半黍九还》卷一八,113)

(4) 奶奶要赶到冯外郎家去,与他女人白嘴,道冤他做贼,害他出丑受刑。(《三刻拍案惊奇》一九回,133)

(5) 又留他吃了些酒,假喃喃的道:"没要紧又做这场恶。"(《三刻拍案惊奇》二六回,182)

范晓(2000)、宛新政(2005:146)都区分了使令句和抽象使役句(宛文称为"使字句"),并把它们作为两类独立的致使句来研究,从历时发展来看,抽象使役句来源于使令句。我们把"差、遣、劝、送""使、令、叫"(具体使役句)等词叫作使令动词,由它们所组成的兼语句叫作使令句①,而把"使、令、叫"(抽象使役句)等词叫作致使词。为了探源和进行对比,我们将具体使役句和抽象使役句放在第四章讨论,本章主要讨论由"差、遣、劝、送"等词组成的使令句。

对使令句的分类,学者多着眼于 V_1 ②的语义分类。李临定(1986:136)首先区分了"单纯使令义动词"和"多义使令义动词",前者包括"使、让、叫、令"等,后者依据使令义强弱又可以分为不同的几类:一类使令义最强,如"命令、强迫、督促、责成"等;二类使令义一般,如"嘱咐、托付、提拔、打发、送"等;三类使令义最弱,如"吸收、介绍、服侍③"等。李文对 V_1 的分类突出了两点:一是认识到了致使词"使、让、叫"等和"多义使令义动词"(即 V_1 还有明显的词汇意义)的区别;二是依据使令度强弱对"多义使令义动词"进行更为细致的分类,加深了我们对"多义使令动词"的认识。邢欣(2004:54~61)归纳了兼语结构中 V_1 的两个句法特点:一是 V_1 后面一般不能出现时态助词"着、了、过"等;

---

① 冯春田(2000:613)将使役句区分为"具体使役"和"抽象使役"。如:"西门庆送他回来,随即封了一两银子,两方手帕,即使琴童拿盒儿骑马讨药去。"(《金瓶梅词话》七九回,1097)这一类句子中的"使"表示"具体使役"。"具体使役"和"使令句"在表义上接近。

② 能充当使令句中的 V_1 的动词虽然比较多,但是相对来说还是个封闭的系统。

③ "服侍"用作使令句的例句,如"护士耐心地服侍病人吃药"。

二是 V_1 置于兼语结构中，具有（+使令）意义。邢文还将兼语结构中的 V_1 分为十一个类别：（1）嘱咐、通知等；（2）帮、送等；（3）推荐、选举等；（4）教、交、给等；（5）使、叫、让等；（6）布置、安排等；（7）命令、强迫、催等；（8）打、吹等；（9）惹、逗等；（10）喜欢、讨厌等；（11）有、没有等。我们认为，在这些语义类别中，只有一部分动词含有（+使令）这一语义特征，能够充当使令句中的 V_1，这部分动词所构成的兼语句才可被称为使令句。范晓（1998）、宛新政（2005：150）将使令句中的动词 V_1 分为六类：（1）催逼类，如"迫使、逼迫、催促"等；（2）培养类，如"教导、培养"等；（3）派遣类，如"委派、命令、遣送"等；（4）嘱托类，如"嘱咐、叮嘱、托付"等；（5）带领类，如"带领、领导、护送"等；（6）请求类，如"请求、要求、邀请"等。范、宛文分类的意义在于将李临定（1986：136）所说的"单纯使令义动词"从使令兼语句中分离出来，重点研究了含有具体词汇义的使令动词的句法语义表现。

张军、王述峰（1988）将古汉语中的兼语句从语义上分为使令义兼语句、任命义兼语句、称谓义兼语句、协助义兼语句、使动义兼语句、对动义兼语句和存在义兼语句等七类。这七类兼语句中，除了称谓义兼语句、对动义兼语句和存在义兼语句，其他都是本书所说的使令句。杨伯峻、何乐士（2001：589）将古代汉语中含有使令义的兼语句分为以下三类：（1）使令类，V_1 为含有使令、派遣、致使意义的动词，如"命、俾、遣、请、呼、唤、召"等；（2）封职任免类，V_1 表示封爵、授职、任免、降职等义，如"封、拜、立、迁、进、举、除"等，V_2 大都是动词"为"；（3）劝诫类，V_1 大都为表示劝诫或告教义的动词，如"劝、诫、告、教"等。鞠彩萍（2006：104）从 V_1 表义差异的角度，将《祖堂集》中的使令兼语句（包括使令句和抽象使役句）中的 V_1 分为使令类（差、发、命、敕等）、致使类（交、教、令、遣、致使等）和应允类（听、容、听许、放等）。李炯英（2012：18）排除了含（-使令）义动词所构成的兼语结构，只研究了含有使令义的兼语结构。李文依据 VP_1 的语义特征将 V_1 分为使令类、致让类、使让类、控制类、对抗类和意愿类等六大类。我们认为对使令句 V_1 的分类存在诸多分歧的原因在于以下几点。第一，使役动词（使、令、教、让、叫①）既能表达具体使役②（即使令义），也能表达抽象使役（即致使义），而多义使令义动词只能表达使令义，因此每个使役动词是否需要区分为两个义项，即一个表示使令义，和多义使令动词接近，另一个表示致使义，还需要进一步探讨。第二，从表达使令义的强弱程度来看，多义使令动词内部存在很大的差异，从强使令动词到弱使令动词，再到让渡型使令动词，存在一个使令义从强到弱的连续统，因此对其进行切分存在一定的困难。第三，有些词语可能本身并没有使令义，但是进入 $V_1 + N_1 + V_2 + N_2$ 句式之后，可能临时获得使令义。如"向今成长深宫内，发遣令交使向前"（《敦煌变文·丑女缘起》卷六，1102）。"发"本身没有"使令义"，但这里"发"和"遣""令""交""使"连用，"发"明显含有"使令义"。不过学界对这种临时赋义的具体认定还存在分歧，这势必会影响对 V_1 的分类。

另外，以上对使令句的分类都是着眼于 V_1 的语义特点，但对 V_1 之间"使令义"的差异、V_2 的语法成分和主兼语的语义特点关注得还不够。③ 本章在分析近代汉语使令句时会对以上几方面重点探讨。此外，本章在行文中也不计划分析具体使役句，而将重点放在含使令义同时包含其他词汇义的由 V_1 构成的使令句上。我们主要依据 V_1 表示"使令"意义的强弱和近代汉语各时期使令动词的具体使用情况，对 V_1 进行具体分类，同时，对于临时获得使令义的一些动词也有所涉及。

第二节　古代汉语中使令句历时发展

汉语使令句在甲骨卜辞中就存在了，如"雀其呼王族来"（转引自李炯

---

① 这些都是现代汉语中常见的使役动词，在现代汉语方言和近代汉语中，存在不同的使役动词系统。
② "使"和"令"在现代汉语中已经没有具体使役（使令义）的用法了，但在古代汉语（含近代汉语）时期存在这种用法。
③ 宛新政（2005：163）从语义强度（即使令义的强弱）、权力层级性、主体参与性（即致使主体是否同客体一起参与到新的动作行为中）三个方面对现代汉语使令句中 V_1 的语义差异进行了分析。李炯英（2012）将现代汉语中控制类、对抗类和意愿类使令句（原文称"致使结构"）中的 V_1 和英语中的类似动词进行了对比研究，李文主要着眼于这些动词的语义差别以及使令句作为一种句式的语用功能。

英，2012：7）。管燮初（1981：89）对西周时期的兼语句进行了研究，其中表达使令义的动词居多，如"令"77次、"乎（呼）"42次、"俾"11次。而且出现了表达劝告义、帮助义和任命义等使令义的兼语句，以及存在类和称谓类等不含使令义的兼语句。

向熹（1993：125~126）认为甲骨卜辞中的兼语式比较简单，通常是两个动词连用，周秦以后，兼语式可以包含多种内容，其中表示使令义的兼语式有"使令类"、"禁止类"、"劝诫类"和"封拜任免类"。此外，还存在多重使令兼语句（两个套用）的用例，如例（1）。据刘鑫鑫（2008：9）调查，这个时期的使令句中的 V_1 以"使"字为主，如《论语》28次，《左传》1096次、《战国策》357次。范玉（2011：15）分析了《韩非子》一书中主要使令动词"使、令、遣、教、劝、禁、助、立、举"等的句法语义特点。例（1）至例（6）是这个时期使令句的部分用例。

(1) 王命南仲，往城于方。（《诗经·小雅·出车》）
(2) 王命尹氏及王子虎，内史叔兴父策命晋侯为侯伯。（《左传·僖公二十八年》）
(3) 遣他候奉资之。（《墨子·号令》）
(4) 谓其人曰："今日病矣！予助苗长矣。"（《孟子·公孙丑上》）
(5) 禁牛马入人田中，固有令。（《韩非子·内储说上七术》）
(6) 不能具美食而劝饿人饭，不为能活饿者也；不能辟草生粟而劝贷施赏赐，不能为富民者也。（《韩非子·八说》）

王力（1980：506）称这一类含使令义的兼语式为递系式，认为"到了汉代以后，除沿用'使''令''遣'等词外，还使用其他的动词构成递系式，于是递系式的应用范围更加扩大了"。何乐士（1992：65）对《史记》中的使令兼语句进行了研究，认为和《左传》中的使令兼语句相比，《史记》中的使令兼语句有两大特点：一是 V_1 的范围从"使令、派遣"义扩展到"劝诫类"和"封职任免类"；二是 VP_2 的结构日趋复杂化。如：

(7) 梁乃出，诫籍持剑居外待。（《史记·项羽本纪》）

第三章　由多义使令动词构成的近代汉语分析型致使结构

(8) 苏秦乃诫门下人不为通，又使不得去者数日。(《史记·张仪列传》)

(9) 亚父劝项羽击沛公。(《史记·高祖本纪》)

(10) 迁为成皋令，将漕最。(《史记·平准书》)

(11) 秦王拜斯为客卿。(《史记·李斯列传》)

(12) 二世废君角为庶人，卫绝祀。(《史记·卫康叔世家》)

例 (7) 至例 (9) 是"劝诫类"，例 (10) 至例 (12) 是"封职任免类"。

刘文正 (2009：151~171) 将《太平经》①的致使动词分为"致使－行为动词"、"致使－情状动词"和"使令动词"。其中"致使－行为动词"主要是指"遣""使""退""移"等在具体句式中含有致使意义的动词，后面接单宾语；"致使－情状动词"主要是指具有使动用法的动词或形容词，如"全""富""败"等；"使令动词"则指含有具体词汇义的使令动词，如"遣""令""差""促""敕"等，如例 (13) (14)。

(13) 促佃者趣稼，布谷日日鸣之。(《太平经·大寿诫第二百》)

(14) 今天师前所敕愚生拘校上古、中古、下古之要文。(《太平经·作来善宅法第一百二十九》)

而且，据刘文正 (2009：168) 调查，《太平经》中存在复合使令动词，如"遣令、使遣、敕教、教使、令敕使"。这种几个使令动词连用的情况一直沿续到《敦煌变文》中。

赵小东 (2004：31) 对《世说新语》中的兼语句从语义上进行了详细的分类。赵文区分了"使令类兼语句"和"非使令类兼语句"，并将"使令类兼语句"分为"致使类"（即本书所说的"抽象使役句"）和"扩展类"（即本书所说的"使令句"）。其中"扩展类"包括"命令派遣类"（催、逼、召、唤等）、"劝诫告教类"（劝、说等）、"请求邀请类"（请、邀、延

---

① 相传《太平经》为东汉时期的道士于吉所作，是黄老道最重要的经典之一。《太平经》是道家从老庄思想演化为宗教的重要文献之一，主要是将阴阳五行和老庄思想结合起来，同时披上了某些神话的外衣，它为以后的很多次农民起义提供了理论宣传阵地。

等）和"容许听凭类"（恣、放、听、任等）。不过，赵文将"任免封职类"归为"非使令类兼语句"似不妥，如："太尉善其言，而辟之为掾，世号曰'三语掾'。"（《世说新语·文学第四》）"辟"可以看作含有具体词汇义的使令动词。我们认为"任免封职类"应该归类为"使令类兼语句"。例（15）至例（19）是这个时期使令句的部分用例。

（15）侃曰：天子富于春秋，万机自诸侯出，王公既得录，陶公何为不可放？乃遣人于江口夺之。（《世说新语·方正》）
（16）太守即遣人随其往。（《陶渊明集·桃花源记》）
（17）便要还家，设酒杀鸡作食。（《陶渊明集·桃花源记》）
（18）余人各复延至其家。（《陶渊明集·桃花源记》）
（19）遣令下嫁从夫。（《搜神记·弦超与神女》）

古代汉语中使令句的语义类型发展到中古时期已经基本完备，主要有"命令类""派遣类""劝勉类""邀请类""引领类""容让类""任免封职类""禁止类"等八类，此后的发展更多地表现为词汇的更替。

使令句在古代汉语的发展过程中有如下几个特点。第一，使令句的语义类别增多，基本上形成了和现代汉语使令句相同的语义格局。由于这些语义类别划分的依据是V_1的语义特点，所以在这个过程中，能够充当V_1的动词类别也相应地增多。据赵小东（2004：44）的调查，在《世说新语》中这类V_1有32个（包括表示使令义的"使"和"令"），而且都是单音节形式，还没有发现双音节的用例。第二，我们知道抽象使役句来源于使令句，是使令句V_1虚化的结果。古代汉语中，"使"和"令"很早就能表达致使义（抽象使役），随着语言的历时发展，汉语中的致使词逐渐增多（如"遣""教""着""要"等），它们最初都是些临时用法，之后才慢慢固化。第三，使令句主语和兼语都是由生命度较高的名词或代词来充当。主语一般是发号施令者或后面动作的参与者，是致使力的起点，而兼语一般处在主语的控制或影响下，是V_2的执行者。第四，V_2一般都是自主动词，这一点在历史发展中变化不大。

第三章　由多义使令动词构成的近代汉语分析型致使结构

第三节　近代汉语使令句

本节探讨近代汉语使令句所采用的语料主要有①：《敦煌变文》《祖堂集》《新校元刊杂剧三十种》《新编五代史平话》《金瓶梅词话》《红楼梦》等。

一　近代汉语使令句的使用情况

学界对近代汉语部分文献中的使令句进行过研究，主要着眼于对 V_1 的语义分类以及对使令句和抽象使役句在表义上的差异的探究。

郭红（2006）将《敦煌变文》中的使令句分为"使令派遣类"（唤20例，呼1例）、"留邀请托类"、"命名称谓类"和"助引类"。郭文只统计了24例双音节复合动词，其中只有"处分"一词为凝固了的复音词，其余均由两个使令义单音动词合而为一，构成一个使令义复音动词。鞠彩萍（2006：136）统计了《祖堂集》中使令动词（文中称"使役动词"）的使用情况，其中主要的使令动词有"敕"（58例）、"命"（27例）、"乞"（72例）、"请"（266例）、"许"（46例）等。李来兴（2010：209）将宋元话本中的使令动词分为"催逼类"（逼、逼勒、催、催促、着落、推、拉、喝令等）、"培养类"（唆调、劝、央劝、撺掇等）、"派遣类"（派、差、差使、差遣、发遣、呼唤、招呼、唤、发付等）、"嘱托类"（嘱、嘱托、嘱咐、叮嘱、买嘱、分付、叮咛、委托、告托、付托等）、"带领类"（领、带领、率领、督率、诱引、押送、安顿等）、"请求类"（请、邀、邀请、求、恳求、哀求等）。叶蕾（2013：8、9）认为《新校元刊杂剧三十种》的使令句可以分为三类："致使命令类"、"助领伴随类"和"称封类"。其中"致使命令类"是最主要的类别，主要的使令动词有"请"（23例）、"差"（7例）、"催"（2例）。李霞（2007：153）探讨了《金瓶梅词话》中使令动词的使用情况。李文将使令动词分为"催逼类"（逼、逼迫、支使、催促、

---

① 部分语料中使令句的使用情况转引自他人著作，在具体引用时会注明。此外，在行文中也不会局限于这个语料范围。

61

着落、责令、喝令等)、"培养类"(教导、教演、挑拨、唆调、央劝、撺掇、教唆等)、"派遣类"(派、差、派委、差遣、走差、分派、裁派等)、"嘱托类"(嘱、嘱托、嘱咐、分付、叮咛、委托、通告、告报等)、"带领类"(领、带领、携带、帮扶、诱引、押送、迎送等)、"请求类"(请、邀、邀请、哄赚、央烦、央及、哀求等)。我们调查了《红楼梦》中使令动词的使用情况,并将其分为七类:"逼迫命令类""派遣类""劝勉类""邀请类""引领类""容让类""任免封职类"。其中"逼迫命令类"主要有"逼、逼迫、逼让、逼令、催、催促、催逼、着落、责令、喝令、迫令、勒令、敕、敕令"等,"派遣类"主要有"派、指派、分派、差遣、差委、差使、拨、遣派、打发、招呼、分付、拿送、支、唤"等,"劝勉类"主要有"劝、劝说、怂恿、唆、唆使、教唆、撺掇、逗、调白、勉励"等,"邀请类"主要有"请、邀请、求、央求、恳求"等,"引领类"主要有"带、带领、率领、引领、领、引、引惹、整率、送、护送、迎送、相送、扶、押、押送"等,"容让类"主要有"容、听、随、容让"等,"任免封职类"主要有"封、拜、立、迁、废、徙、举、除"等。

例(1)至例(10)是近代汉语使令句的部分用例:

(1)试上高楼清入骨,岂如春色嗾人狂。(唐·刘禹锡《秋词二首》,《全唐诗》卷365-9)

(2)寒山吹笛唤春归,迁客相看泪满衣。(唐·李益《春夜闻笛》,《全唐诗》卷283-87)

(3)唤风伯雨师作一营,呼行病鬼王别作一队。(《敦煌变文·破魔变文》卷四,557)

(4)流莺不许青春住,催得春归花亦去。[宋·王千秋《菩萨蛮》(流莺不许青春住),《全宋词》,1469]

(5)今日蒙神旨差送孝子张屠孩儿还家,我相公的圣佑,与做勾当的灵报。(《新校元刊杂剧三十种·小张屠焚儿救母》第三折,254)

(6)全不似数声啼鸟留人住,他则是一鞭形色催人去,我怎肯满身花影倩人扶。(《新校元刊杂剧三十种·李太白贬夜郎》第二折)(转引自叶蕾,2013:11)

第三章 由多义使令动词构成的近代汉语分析型致使结构

(7) 调唆织女害相思，引得嫦娥离月殿。(《京本通俗小说·志诚张主管》，85)

(8) 贺喜哥哥，射雁得诗，分明是教取哥哥行这一条活路。(《新编五代史平话·梁史》卷上，15)

(9) 停半晌，整花钿，没揣菱花，偷人半面，迤逗彩云偏。步香闺怎便把全身现。(《牡丹亭·惊梦》第十出，53)

(10) 次日一早，便又往贾母处来催逼人接去。(《红楼梦》三七回，485)

从使令句的历时发展来看，和古代汉语使令句相比，近代汉语使令句虽然在语义类型上没有明显的发展变化，但是有以下几个特点。

其一，双音节动词充当 V_1 的用例越来越多，《敦煌变文》中只有24例双音节复合动词充当 V_1 的使令句，而《金瓶梅词话》中的双音节使令动词已占绝大多数，和现代汉语中的情况差不多[①]。

其二，部分使令句的 N_1 和 N_2 由生命度较低事物或无生事物来充当，在表义上和抽象使役句相似。如：

(11) 雁引愁心去，山衔好月来。(唐·李白《与夏十二登岳阳楼》，《全唐诗》卷180-25)

(12) 酒助欢娱洽，风催景气新。(唐·杜审言《泛舟送郑卿入京》，《全唐诗》卷62-32)

(13) 不知瘦骨类冰井，更许夜帘通晓霜。(唐·李商隐《杂歌谣辞·李夫人歌》，《全唐诗》卷29-8)

(14) 一曲清歌，暂引樱桃破。(五代·李煜《一斛珠》，《全唐诗》卷889-27)

(15) 离愁正引千丝乱，更东陌、飞絮蒙蒙。[宋·张先《一丛花令》(伤高怀远几时穷)，《全宋词》，61]

[①] 宛新政 (2005：148) 根据动词 V_1 音节的多少，将现代汉语中的使令句分为双音节动词使令句和单音节动词使令句两种，前者数量较多，是典型的使令句，后者数量较少。

(16) 绝色夐无朱粉黛,真香宁许燕莺知。(宋·赵旸《奉和姚仲美腊梅》,65)

(17) 绝域东风竟何事,只应催我鬓边华。(宋·朱弁《春阴》,134)

(18) 帘卷日长人静,任杨花漂泊。[宋·蒋元龙《好事近》(叶暗乳鸦啼),《全宋词》,913]

(19) 孤城暮角,引胡笳怨。(宋·柳永《迷神引·仙吕调》,《全宋词》,44)

不过这样的用例多出现在唐宋诗词之中,属于临时的拟人用法,而近代汉语中很多致使词的产生都经历了这个阶段,如"遣""着""放"等。这种用法在现代汉语使令句中很少见。

其三,V_1的范围扩大到凡能够致使 N(指 N_2)发出 V_2 的动作或具有 V_2 的性质状态的那些动作。刁晏斌(2001:141)认为这种用法在近代汉语时期的出现使得 V_1 的范围比现代汉语中使令动词的范围要大得多,不过在语言发展过程中,这种语言现象逐渐衰落,现代汉语中没有这种用法。如:

(20) 持法华经,七行俱下,才六旬,悉能诵之,感群羊跪听。(《五灯会元》[1] 卷十一)

(21) 金老急起挑灯明亮(即使灯明亮),点照枕边,已不见了八个大锭。(《初刻拍案惊奇·转运汉巧遇洞庭红》卷一,4)

(22) 便是小贱人有些言高语低,触伤了押司,也看得老身薄面,自教训他与押司陪话。(《水浒传》二一回,259)

(23) 好容易蒙兄嫂怜爱,聘请名师,教诲我一举成名。(《三侠五义》第六回,31)

(24) 好好一只肥嫩小鸡儿,那二位不吃,却便宜老汉开斋。(《三侠五义》六一回,267)

---

[1] 《五灯会元》是杭州灵隐寺普济编集的一部佛教禅宗史书,成书于宋理宗淳祐十二年(1252 年),共二十卷。

第三章　由多义使令动词构成的近代汉语分析型致使结构

例（20）至例（24）是转引自刁文的例句（页码除外），其中的"感"、"挑"、"教训"、"教诲"和"便宜"都处于使令句中 V_1 的位置上，整个句子都含有使令义。

二　近代汉语使令句的句法语义结构特点

近代汉语使令句的句法结构是 $N_1 + V_1 + N_2 + V_2$，语义结构可以表述为"致事+致使能量+所使+致使结果"，其语义基础是使令义。朱琳（2011）、李炯英（2012：52）从意象图式[①]的角度对使令句进行了研究，"从所使自身的内在倾向（运动或是静止）、所使和致事之间力量对抗的结果、所使最终状态的角度，将致使结构分为七个小类：使令、阻止、允许、要求、劝说、帮助和任凭"，并对这些使令句语义小类的意象图式进行了分析。我们知道在使令句中，从"致事"到"所使"存在着致使力的传递，这种"力"是直接作用力，而不是心理上的或间接的。

其一，近代汉语使令句的致事和所使一般都是生命度高的人或组织集体。[②] 致事对所使的行为都有一定的控制力（有程度的差异），可以参与后面的行为，也可以不参与。所使在致事的指令、默许或影响下进行后面的自主行为。致事和所使一般不能省略，虽然在实际用例中，存在致事和所使省略的情况，但是都能够根据前文补出来。宛新政（2005：166、168）探讨了现代汉语使令句的致事和所使（即主语和兼语）缺省情况，认为"使令句的致事能承前省略，但能很容易找回，不影响句子的理解"，而"所使在一定的语境下也可以省略"。我们认为使令句的致事承前省略只是出于经济原则的语用现象，而所使省略的情况很少，而且需要上文明言。如：

[①] Talmy（2000：460 – 465）根据力学原理提出了"动力意象图式"这个概念，将物体间相互作用力而导致的静态或动态结果模式应用到语言结构中。分析型致使结构中的"致事"和"所使"是两个相互作用的实体，它们之间存在作用力和反作用力，即存在致使力的传递，而致使结果则是它们相互作用的最后结果。

[②] 如前文所述，部分唐诗宋词中的使令句的致事和所使由生命度低事物或无生事物的名词充当，如"垂杨只解惹春风，何曾系得行人住"[宋·晏殊《踏莎行》（细草愁烟），《全宋词》，99]。不过，这种现象应该归于临时用法。

(25) 陛下敕进来，令作右金吾。(《朝野金载》卷四，43)

(26) 李陵处分左右搜括。(《敦煌变文·李陵变文》卷一，134)

(27) 胡尘未扫，指挥壮士挽天河。(宋·李处全《水调歌头·冒大风渡沙子》，《全宋词》，1278)

(28) 那朱温、朱全昱兄弟，每日间邀取黄巢出去闲走。(《新编五代史平话·梁史》卷上，7)

(29) 唐璧初时不肯，被丈人一连数日，再三解劝，撺掇他早往京师听调。(《喻世明言·裴晋公义还原配》第九卷，87)

(30) 那妇人……请了六个僧，在家做水陆，超度武大，晚夕除灵。(《金瓶梅词话》第八回)(转引自李霞，2007：153)

(31) 卡犯知他家富，人人欢喜，即命鸡子加刑。(《跻春台·亨集·六指头》卷二，213)

以上例句中，例（28）中的"朱温、朱全昱兄弟"参与了后面的行为，而例（26）中的"李陵"并没有参与后面的行为。例（27）的"致事"缺失，例（25）的"所使"缺失，但是能够根据上下文补出来。

其二，近代汉语使令句的致事能量（即使令动词 V_1）按照单双音节、语义类型都可以做出更详细的分类，见前文。在这里，我们依据使令句所蕴含的使令义的强弱将近代汉语使令句分为四类：强使令句、弱使令句、伴随使令句和容许使令句。这四类使令句在三个方面存在差异：一是致事对所使控制力的差异（由强到弱），这和致事的"权力等级"是相匹配的，"权力等级"越高，对"所使"的控制力就越强，表现出来的使令义就越强；二是使令动词 V_1 语义类型的差异；三是所使所保留的主体能动性的差异（宛新政，2005：163），具体表现为由弱到强，和致事对所使的控制力度负相关。这四类使令句的界限并不是绝对的，是一个由强到弱的连续统。我们来看下面这些例句：

(32) 有顷，士真醉悟，急召左右往狱中取李某首来。(《宣室志·现世之报》，71)

(33) 唤厨人斫就，东溟鲸脍。(宋·刘克庄《沁园春·梦孚若》，

第三章　由多义使令动词构成的近代汉语分析型致使结构

《全宋词》,1048)

（34）太师道:"有何难哉! 即今着落开封府滕大尹领这靴去作眼。"（《醒世恒言·勘皮靴单证二郎神》一三卷,344)

（35）呈奸狡,刁唆人告论,君子貌,小人心。（《杀狗劝夫》第一折,185)（告论:向官府控告）

（36）不去声张下老实根究,只暗地嘱咐开封府留心防贼罢了。（《二刻拍案惊奇·襄敏公原宵失子》卷五,38)

（37）临后,孙立带了十数个军兵,立在吊桥上。（《水浒传》五〇回,664)

（38）且说两个家人引玉娘到牙婆家中,恰好市上有个大经济人家,要讨一婢。（《醒世恒言·白玉娘忍苦成夫》一九卷,357)

（39）急为打船开,恶许傍人见。（唐·丁仙芝《相和歌辞·江南曲》,《全唐诗》卷19-8)

（40）王即敕狱官。自今已后莫听人入。（《五灯会元》卷二三）

（41）外方人及妇女,莫容它来。（《张协状元》,539)

例（32）至例（34）属于强使令句,例（35）、例（36）属于弱使令句,例（37）、例（38）属于伴随使令句,例（39）至例（41）属于容许使令句。

其三,近代汉语使令句的致使结果一般由行为活动类动词、心理感知类动词和变化状态类动词来充当,其中行为活动类动词是最主要的,我们调查了《新编五代史平话》中使令句的使用情况,书中使令句共有217例,在充当致使结果的动词中,行为活动类有181例,心理感知类有2例,变化状态类有34例且只限于官职封拜类。如:

（42）朝廷降诏,除王仙芝为左神策军押牙。（《新编五代史平话·梁史》卷上,32)

（43）梁王朱全忠改名晃,称皇帝,奉唐帝做济阴王。（《新编五代史平话·唐史》卷上,50)

67

所使 N_2 在语义上主要是施事（主要与行为活动类动词对应），极少数是当事（主要与心理感知类和变化状态类动词对应）。如：

(44) 试上高楼清入骨，岂如春色<u>嗾</u>人狂。（唐·刘禹锡《秋词二首》，《全唐诗》卷365-9）

(45) 文宣大惊，降驾礼谒，<u>请</u>许其悔过。（《朝野佥载》卷二，19）

(46) 即<u>拜</u>尚让为太尉，朱温为金吾将军。（《新编五代史平话·梁史》卷上，19）

(47) 喜不自胜，即日<u>署</u>黄巢为冲天太保均平大将军。（《新编五代史平话·梁史》卷上，13）

(48) 却把符来，<u>唆</u>我夫妻不和；二则去看我与他斗法。（《警世通言·福禄寿三星度世》三九卷，231）

例（44）和例（45）的致使结果都是由心理感知类动词充当的，例（46）至例（48）的致使结果都是由变化状态类动词充当的。

三 近代汉语使令句和其他分析型致使结构的比较

我们将使令句看作近代汉语分析型致使结构的一类，其句法结构和近代汉语抽象使役句、致使义处置式基本一致，都是"$N_1 + V_1 + N_2 + V_2$"。近代汉语使令句、抽象使役句和致使义处置式在表义上的差异见表3-1。

表3-1 使令句、抽象使役句和致使义处置式的表义差异

句式	句义	
	使令义	致使义
使令句	+	-
抽象使役句	-	+
致使义处置式	-	+

从来源上看，抽象使役句来源于使令句，是其进一步虚化的结果。使令句表达使令义，而抽象使役句表达致使义。使令句的 V_1 还具有明显的词

第三章 由多义使令动词构成的近代汉语分析型致使结构

汇意义,因此后面能够带动态助词,近代汉语新产生的致使词"遣、着、要、放、与"都是先充当使令句 V_1 的。

我们知道致使义处置式的特点是 N_2 在语义上能够理解为施事或当事,而使令句的 N_2 在语义上主要是施事。不过,致使义处置式的 N_1 对 N_2 的控制力较弱,即 N_1 能够提供的致使力较弱,而使令句的 N_1 对 N_2 控制力较强(尽管它们内部存在强弱的差异),是整个致使结构致使力的起点。致使义处置式只能表达致使义,因此其 N_1 一般是生命度较低的名词、无生事物或缺省。致使义处置式的"把/将"没有使令句 V_1 所具有的词汇意义。

第四章
由动词的虚化形成的近代汉语分析型致使结构
——使役句

使役句可以分为具体使役句和抽象使役句,具体使役句表达使令义,和使令句接近,抽象使役句表达致使义,本章把两者放在一起讨论。

第一节 "使、令、教①(交、叫)"字式使役句

"使"和"令"②在先秦就用在具体使役句和抽象使役句中了。如:

(1) 夏,楚子<u>使</u>屈完如师。(《左传·僖公四年》)
(2) 何故<u>使</u>吾水兹(今本作"滋",义为"黑色,污浊")。(《左

---

① 太田辰夫(1987:223、224)认为:"'叫'原先写作'教',可能是从教唆的意义转而成为使役的。""'教'在《广韵》中有平声和去声,但意义上似乎没有区别。'教'在唐代也写作'交'。""因为'叫'是去声,'叫'逐渐用得多了,'交'就不用了,而原来有去声的'教'保留下来,但'教'也渐渐受'叫'的排挤变得不用了。"袁宾等(2001:245)、蒋绍愚(2005:397)、陈云龙(2011:271)都没有对"教、交和叫"做过多的区分,只是将其看作一个词的不同书写形式。冯春田(2000:613、631)把使役动词"交"看作"教"的变体,而认为"'叫'是近代汉语时期新产生的使役动词,大约产生于晚唐时期,宋代可见少数用例,大量出现在明清时期"。冯文没有论及"教"和"叫"的关系。姜仁涛(2010)探讨了"教""学""教""交""叫"等词的音义关系,认为"在表使令义上,'叫'、'教'、'交'可通用"。本节对"教"、"交"和"叫"三者的关系不过多探讨,认为它们能够互相通用。

② 关于"使"和"令"从实义动词发展成使役动词,学者多有论述,请参考李佐丰(1989)、徐丹(2003:224)、邵永海(2003:260)、大西克也(2009)、朱琳(2011:121)和牛顺心(2014:53)等人的论述,此处不涉及。

第四章　由动词的虚化形成的近代汉语分析型致使结构

传·哀公八年》)

(3) 令沅湘兮无波,使江水兮安流。(《楚辞·九歌·湘君》)
(4) 令飘风兮先驱,使涷雨兮洒尘。(《楚辞·九歌·大司命》)
(5) 私视使目盲,私听使耳聋,私虑使心狂。(《吕氏春秋·季冬·序意》)

上面的例句中,例(1)是具体使役句,表达使令义。例(2)至例(5)是抽象使役句,表达致使义。其中具体使役句的"致事"一般由具有自控能力的生命体(主要是人或国家、军队)来充当,如"楚子"能够作为动作行为的发出者,且具有(+可控)这一语义特征。抽象使役句的"致事"一般为无生命的事物(如"何故")、动作行为(如"私视""私听""私虑")或缺省,"所使"一般为生命度较低的事物,和后面的谓词性结构不是施受关系,只能作为当事,如"吾水兹""沅湘兮无波""心狂"等。

关于上古汉语中"使、令"字式使役句和动词使动用法的异同,邵永海(2003:260)进行了对比研究,认为这两种句法手段在语义表达上存在差异,不能随意互换,这是正确的。我们认为,这两种致使结构(分析型致使结构和词汇型致使结构)在表义范围上是有差异的。"使、令"字式具体使役句一般没有使动用法和其对应,如"使屈完如师"就无法转变为动词的使动用法。而"使、令"字式抽象使役句能转换为相应的使动用法,如"使心不乱"(《道德经·第三章》)可以说成"不乱我心"。

"教"① 字式使役句是近代汉语中很常见的使役句式,其中"叫"字式使役句更是现代汉语口语的主要使役句式之一。太田辰夫(1987:223)认为"教"的使役用法来源于教唆义,并举了《国语·鲁语上》中的例句,"今鱼方别孕,不教鱼长,又行网罟,贪无艺也"。不过,文中觉得此例是抽象使役句(文中称为"单纯的使役"),在出现时代上可能过早。联系上下文来看,这里采用了拟人的修辞手法,"教"的动词义还很明显,不宜看作致使词。冯春田(2000:617)认为,"'教'作为使役动词是由它的'指

---

① 《说文解字》:"教,上所施下所效也。从攴从孝。凡教之属皆从教。"

教（把知识或办法等授与人）'义演变来的"。朴乡兰（2010：12）认为"'教'由'教诲'义引申出'使令'义是很自然的，而且表示'教诲'义和'使令'义的句子在句法上往往难以区分，因此'教'字使役句产生的具体时代亦难以确定"。不过，"教"字使役句来源于"教"（"教唆"义或"指导"义）字兼语句是很明显的事实。如：

（6）取地之财而节用之，抚教万民而利诲之。(《史记·五帝本纪》)

（7）赵高故尝教胡亥书及狱律令法事，胡亥私幸之。(《史记·秦始皇本纪》)

（8）公教人啖一口也，复何疑。(《世说新语·捷悟》)（转引自冯春田，2000：617）

（9）炉中莫使无残火，笼里休教暗烛灯。(《敦煌变文·妙法莲华经讲经文》卷五，728)

例（6）中的"教"是"教导"义，后面跟被教育对象"万民"。例（7）中的"教"仍然是"教导"义，不过整个句子结构是"教＋N＋V(N)"。"教胡亥书"的语法结构可以理解为"教＋N＋V"，"教胡亥狱律令法事"的语法结构为"教＋N_1＋N_2"，因此这里的"教"相当于给予义双及物动词，含有"给予"的语义特征。这种语法环境是"教"发展为使役动词的基础。例（8）中的"教"就不能再理解为"教导"义了，句子是具体使役句。例（9）的"教"是致使词，句子是抽象使役句。据汪维辉（2002：189）的调查，"教"表示使令义在两晋之后的南北朝时期才逐渐多见。隋唐时期，"教"逐渐发展成致使词。

关于使役动词"交"和"叫"，一般认为"交"是"教"的不同书写形式，而"叫"的使役用法来源于其"呼唤"义的进一步虚化，"叫＋N＋V"是语义演变的句法结构基础。

"使、令、教"字使役句是近代汉语时期较常用的使役句式[①]，下面按

[①] 关于近代汉语"教（叫）"字被动句的研究，学界多有探讨，本节不打算涉及，请参考蒋绍愚（2002）、朴乡兰（2010）等人的研究。

照时代先后分别加以考察。

一 晚唐五代时期的"使、令、教"字式使役句

晚唐五代时期的语料主要选取了《敦煌变文》，参考语料主要是《祖堂集》和《六祖坛经》。表4-1是《敦煌变文》中主要使役动词"使、令、教"的使用情况。

表4-1 《敦煌变文》中"使、令、教"*字使役句使用情况

单位：例

句式	动词								
	使		令		教		交		叫
具体使役句	11	12%	46	15%	29	29%	61	37%	0	0
抽象使役句	82	88%	251	85%	72	71%	102	63%	0	0
总数	93		297		101		163		0**

* 表中也列出了"交"和"叫"字使役句的使用情况，下同。

** 冯春田（2000：631）认为在《敦煌变文》中已经有"叫"字使役句的用例，如"天然既没红桃色，遮莫七宝<u>叫</u>身铺"（《敦煌变文·丑女缘起》卷六，1110），不过，这种例句罕见，在《祖堂集》和《六祖坛经》等唐五代其他文献中没有发现例证，所以我们认为"叫"在唐五代还没有用作使役动词。

从表4-1可以看出，《敦煌变文》中的使役动词"使""令""教""交"都存在大量的用例，抽象使役句的用例要远远多于具体使役句的用例，其中"教""交"的具体使役句用例比例比"使""令"的要大。如：

（10）翻<u>使</u>恶人延命禄，却<u>教</u>善友掩泉台。（《敦煌变文·双恩记》卷五，924）

（11）楚王<u>使</u>狱中唤出仵奢、子尚，处法徒刑。（《敦煌变文·伍子胥变文》卷一，17）

（12）<u>令</u>知织妇之勋劳，<u>交</u>识蚕家之忙迫。（《敦煌变文·长兴四年中兴殿应圣节讲经文》卷五，624）

（13）佛<u>令</u>阿难为侍者，阿难就佛乞于三愿。（《敦煌变文·维摩诘经讲经文》卷五，876）

(14) 故使教臣来吊祭，远道兼问有所须。(《敦煌变文·王昭君变文》卷一，156)

以上例句中，例（10）和例（12）是抽象使役句，例（11）、例（13）和例（14）是具体使役句。

《敦煌变文》中还出现了"致使"（5次）和"致令"（1次）。如：

(15) 致使天师不住人间，□归于上界，盖非净能之过矣。(《敦煌变文·叶净能诗》卷二，340)

(16) 三界众生多爱痴，致令烦恼镇相随。(《敦煌变文·左街僧录大师压座文》卷七，1158)

此外，《敦煌变文》中使役动词对举或连用的例句较多，甚至有多个使役动词连用的情况。这种情况应该与说唱文体、使役动词的发展演变过程有关。如：

(17) 恶事长时与破除，善缘未者教沈屈。(《敦煌变文·维摩诘经讲经文》卷五，809)

(18) 和尚却归，与诸人为传消息，交令造福，以救亡人。(《敦煌变文·大目干连冥间救母变文》卷六，1024)

(19) 向今成长深宫内，发遣令交使向前。(《敦煌变文·丑女缘起》卷六，1102)

例（17）中的使役动词"与"和"教"对举。例（18）中的"交"和"令"连用。例（19）中的"遣""令""交""使"连用。

使役句的语义结构可以表述为"致事＋使役标记＋所使＋致使结果"，表4-2通过分析"致事"、"所使"和"致使结果"的语义特点，揭示晚唐五代时期的"使、令、教"字使役句的句法特点。

74

表 4-2 《敦煌变文》中"使、令、教"字使役句的
"致事"和"所使"的语义特点

单位：例

语义要素		动词								
		使		令		教		交		叫
致事	有生	13	14%	57	19%	37	37%	72	44%	0	0
	无生	31	33%	139	47%	36	36%	31	19%	0	0
	事件	2	2%	9	3%	5	5%	1	1%	0	0
	缺省	47	51%	92	31%	23	22%	59	36%	0	0
所使	有生	19	20%	112	38%	41	41%	89	55%	0	0
	无生	25	27%	72	24%	27	27%	43	26%	0	0
	缺省	49	53%	113	38%	33	32%	31	19%	0	0
总数		93		297		101		163		0	

从表 4-2 可以看出，《敦煌变文》中"使、令、教"字使役句的"致事"和"所使"有以下几个特点。

其一，"使、令"字使役句的"致事"和"所使"以无生名词或缺省为主，而"教"字使役句以有生名词居多。这与"使、令"字使役句以抽象使役句居多，而"教"字使役句以具体使役句居多有关联性。"致事"的无生或缺省使得"致事"对后面动作行为的发生没有直接的控制力。如：

(20) 善言要<u>使</u>亲情喜，甘旨何须父母催。(《敦煌变文·故圆鉴大师二十四孝押座文》卷七，1159)

(21) 呼吸毒气，鼓击狂风，得海底之沙飞，<u>使</u>天边之雾卷。(《敦煌变文·维摩诘经讲经文》卷五，884)

(22) <u>使</u>人天之敬汝，遣四众之羡君。(《敦煌变文·维摩诘经讲经文》卷五，857)

(23) 汉将王陵来斫营，发使<u>交</u>人捉他母。(《敦煌变文·汉将王陵变》卷一，68)

例 (20) 至例 (22) 的"致事"都是无生或缺省，所以都是抽象使役

句。例（23）的"致事"是前文的"项羽"，属于生命度高的名词，所以是具体使役句。例（21）中的"得"和"使"对举，很明显，"得"也为致使词。例（22）中的"使"和"遣"对举，都表达致使义。

其二，"使、令、教"字使役句中的"致事"和"所使"缺省都占有相当大的比例，有些能够依据上下文补出来，有些则完全不能。

"致事"和"所使"缺省的原因有两点。

一是《敦煌变文》这种说唱或对话文体有很多对仗语句，这种语句对句子长短有所限制。如：

（24）年才长大，稍会东西，不然遣学经营，或即令习文笔。（《敦煌变文·维摩诘经讲经文》卷五，854）

（25）过失推向将军上，汉家兵法任教房。（《敦煌变文·李陵变文》卷一，128）

例（24）中的"遣学经营"和"令习文笔"对仗。出于说唱习惯，例（25）中的"过失推向将军上"和"汉家兵法任教房"在字数上应该相同。而且"令习文笔"和"教房"都是短句子。

二是致使词的叠用和强化使令式的使用。牛顺心（2014：93、100）认为："在东汉到唐宋的佛经典籍中，新出现了一种分析型致使式，这种致使式中有两个致使标记。""强化使令式中的使令动词之后的成事（致使结果）之前也附加了一个致使词。"其实，这种用法不限于佛经典籍中，在汉魏其他典籍中也存在这种用法，如：

（26）先善以水洒，而灸蛇膏令消，数。（《五十二病方》①）（转引自牛顺心，2014：100）

（27）养之使强。（《银雀山汉墓竹简》②）（转引自杨荣祥，2005）

---

① 《五十二病方》是一部医方著作，约成书于战国时期，作者失考。
② 《银雀山汉墓竹简》1972 年发掘于山东省临沂市银雀山两座汉墓中。简文书体为早期隶书，写于公元前 140～前 118 年（西汉文景时期至武帝初期）。

第四章　由动词的虚化形成的近代汉语分析型致使结构

《敦煌变文》中也存在很多致使词叠用和强化使令式的用例，如：

(28) 不知有甚因依，遣池内之（水）却令清净。(《敦煌变文·维摩诘经讲经文》卷五，892)

(29) 我等□能发信心，如来引接令教出。(《敦煌变文·维摩诘经讲经文》卷五，871)

例（28）中致使词"遣"和"令"同时出现，"令"出现在"致使结果""清净"的前面。例（29）中致使词"令"和"教"同时出现，"教"出现在"致使结果""出"的前面。这种使令式都有一种强化作用。不过，现代汉语不存在这种使役句式。

其三，多种使役动词并用，或为连用（以两个居多），或为对仗使用。在近代汉语早期文献中，这种用例比较多，我们认为这不是汉语词语双音化的结果，而是韵文的特点和词语的羡余所导致的，是语言在变动更替过程中的正常现象。由于这种使役句的"致事"和"所使"多为无生事物，故句子多为抽象使役句。如：

(30) 禅堂里莫使寂寥，幽家内莫交冷落。(《敦煌变文·八相押坐文》卷七，1139)

(31) 既称避难，何得恐赫（吓），仍更踬打，使令坠翻，国有常刑，合笞决一百。(《敦煌变文·燕子赋》卷三，384)

(32) 遣怀中履孝，道广德新，令力义亏仁者心惊胆慑。(《敦煌变文·长兴四年中兴殿应圣节讲经文》卷五，621)

(33) 心上莫令教执著，心中勤与断无明。(《敦煌变文·破魔变文》卷四，559)

(34) 休教烦恼久缠萦，休把贪嗔起战争，休遣信根沈爱网，休令迷性长愚情。(《敦煌变文·维摩诘经讲经文》卷五，903)

例（30）至例（34）都是抽象使役句。例（33）中的"令""教""与"对举，例（34）中的"教""把""遣""令"对举，都表示致使义。

77

下面我们来看"使、令、教"使役句中"致使结果"（VP$_2$）的使用情况（见表4-3），其中具体使役句基本上和行为活动动词（自主动词）对应，而抽象使役句基本上和非自主动词对应。

表4-3　《敦煌变文》中"使、令、教"字使役句的"致使结果"的使用情况

单位：例

VP$_2$	动词			
	使	令	教	交
行为活动动词	12	51	30	65
呈现变化动词	25	63	23	33
心理感知动词	29	116	28	37
形容词	26	53	17	21
其他	1	14	3	7
总数	93	297	101	163

具体用例如下：

（35）佛心清净，令神通之士度人；王意分明，遣忠孝之臣佐国。（《敦煌变文·长兴四年中兴殿应圣节讲经文》卷五，620）

（36）缘皇帝要雨，何处有余雨，速令降下。（《敦煌变文·叶净能诗》卷二，339）

（37）现身公主前头，交令忏悔发愿。（《敦煌变文·须大挐太子好施因缘》卷四，501）

（38）倾海洗此身，不能令香洁。（《敦煌变文·难陀出家缘起》卷四，590）

例（35）的"致使结果"由行为活动动词来充当，例（36）是呈现变化动词，例（37）是心理感知动词，例（38）是形容词。

二　宋元时期的"使、令、教"字式使役句

关于宋代的使役句式，李文泽（2001）和张赪（2013）对其句法和

语义特点进行了研究。李文主要考察了宋代语言中兼语句的使用情况，对使役动词"使、令、遣、教、交、要"等的使用情况进行了调查和分析。张赪（2013）对《朱子语类》《碧岩录》《二程集》（均为宋代语料）中的"使、令、教"字使役句从语义和句法特征上进行了分析，指出"宋代的'使'字句、'令'字句有表义功能单一化、固定化的趋势，而'教'字句语义丰富，表达使令义和致使义的功能都较强，同时语法化程度也较高"。表4-4是《朱子语类》中"使、令、教"字使役句的使用情况。

表4-4 《朱子语类》中"使、令、教"字使役句的使用情况

单位：例

句式	动词		
	教	使	令
具体使役句	36	12	65
抽象使役句	51	87	16
总数	87	99	81

和晚唐五代时期的使役句相比，张文指出"以上三种使役句式在表达功能上有所分工，句式特点有所不同。'使'字句以表达致使义为主，'令'字句以表达使令义为主，'教'字句表达使令义、致使义的功能都很强"。这是正确的。宋代的使字句以抽象使役句为主，其"致事"一般都是无生的事物①，"所使"也以事物居多，和现代汉语没有多少区别。"令"字句虽以具体使役句为主，不过很多用例都具有书面语的特点。"教"字句同"使、令"字句相比，虽然在使用比例上并不占优势，但是在具体使役句和抽象使役句的用例上，"教"字句都很常见，而且在历史发展中，"教"字

---

① 虽然有些使字句的"致事"形式上是有生人物，但实际上只是这个人的某种行为导致了后面事态的发展，因此整个句子还是抽象使役句。如"<u>玄宗</u>使其子篡，<u>肃宗</u>使其弟反"（《二程集·河南程氏粹言》）（转引自张赪，2013），"玄宗"和"肃宗"的不作为或是昏庸导致了"子篡"和"弟反"。

句成为口语中很常用的使役句式。《朱子语类》中"使、令、教"字使役句如：

(39) 被异端说虚静了后，直<u>使</u>今学者忙得更不敢睡。(《朱子语类》卷一二，216)

(40) 放<u>令</u>规模宽阔，<u>使</u>人人各得尽其情，多少快活！(《朱子语类》卷一三，236)

(41) 又云："刘正彦结王渊，王渊结康。便更宦者，其事皆正彦<u>教</u>苗为之。"(《朱子语类》卷一二七，3050)

例（39）和例（40）是抽象使役句，例（40）中的"放""令""使"都是致使词。例（41）是具体使役句。

对于元代的使役句式，张赪（2012）从语言接触的角度分析了元代三种不同性质语料（《蒙古秘史》《元杂剧》《原本老乞大》）中使役句的特点，指出"受蒙语影响元代汉语使役句产生了只强调动作的受影响性、而不明确使事与受使成分关系的用法，并进入到元代标准汉语中，而元代'汉儿言语'则表现出使役形式特征与标准汉语基本一致，而语义则与翻译文献语言较为接近的特点"。另外，张赪（2014）还对宋元明时期使役句缺省役事的情况进行了讨论，指出"与宋代相比，元代使役句缺省役事的情况所占比率并没有变化但句义有明显变化，出现了句义偏离使役义、句义完全没有使役义两类句子，这可能是受到蒙语的影响。明代以后这两类句子也明显减少并有固化趋势"。

表4-5是元代部分汉文本土文献中"使、令、教"字使役句的使用情况。这些文献中的使役句式以"教"字句为主，"使""令"字句例句较少，而且基本上是抽象使役句，只发现了两例用作具体使役的"使""令"字句。《西厢记》和《张协状元》①中使役句的所使缺省情况比《新校元刊杂剧三十种》[据张赪（2012）调查有19%]要少得多，《西厢记》有1例，《张协状元》中没有用例。

---

① 《张协状元》是宋元南戏作品，在时代上可能兼跨宋元。

表 4-5　元代部分文献中"使、令、教"字使役句的使用情况

单位：例

文献		动词			
		教	交	使	令
《新校元刊杂剧三十种》	具体	8	219	1	0
	抽象	9	97	6	4
《西厢记》	具体	10	0	1	0
	抽象	7	0	10	6
《张协状元》	具体	12	4	0	0
	抽象	7	5	8	2

具体用例如下：

（42）俺小姐想着风清月朗夜深时，<u>使</u>红娘来探尔。（《西厢记》第三本第一折，125）

（43）才<u>使</u>人看，同日有甚人尸首在？（《新校元刊杂剧三十种·岳孔目借铁拐李还魂》第二折，159）

（44）不肯与，接丝鞭，<u>使</u>孩儿泪涟涟。（《张协状元》，522）

（45）则为五教不明生仇恨，<u>致令得</u>四时失序降民灾。（《新校元刊杂剧三十种·晋文公火烧介子推》第三折，178）（"致""令""得"三个使役动词连用）

（46）绣旗下遥见英雄俺，我<u>教</u>那半万贼兵唬破胆。（《西厢记》第二本第二折，90）

（47）既然不肯成就其事，只合酬之以金帛，<u>令</u>张生舍此而去。（《西厢记》第四本第二折，180）

例（42）和例（43）是具体使役句，例（44）至例（47）是抽象使役句。

三　明清时期的"使、令、教"字式使役句

明清时期的语料主要选取了《金瓶梅词话》《红楼梦》《儿女英雄传》。

表4-6是明清时期部分文献中主要使役动词"使"、"令"、"教"、"交"和"叫"的使用情况。

表4-6 明清时期部分文献中"使、令、教"字使役句的使用情况

单位：例

动词	文献					
	《金瓶梅词话》		《红楼梦》		《儿女英雄传》	
	具体	抽象	具体	抽象	具体	抽象
使	82	213	32	78	7	81
令	19	47	3	31	4	51
教	29	93	27	53	3	17
交	11	23	5	13	0	2
叫	4	15	61	114	49	131

从表4-6可以看出，第一，"使"字句和"令"字句的具体使役用法逐渐衰落，其中《金瓶梅词话》中"使"字句的具体使役用法单调，多局限于"使人"这一固定用法，而《儿女英雄传》中具体使役用法都是引用前人的话语，不是实际口语的反映。我们知道，现代国家通用语言中的"使"字句和"令"字句只能用在抽象使役句中，不能用在具体使役句中。第二，从使用比例来看，"叫"字句逐渐取代"教"字句和"交"字句，而且能自由地用在具体使役句和抽象使役句中。这个时期使役句"致事"和"所使"缺省的情况都极少，例如，在《红楼梦》中，"致事"缺省的情况仅有13例，"所使"缺省的情况仅有3例，而且都能通过上下文补出来。以下是这个时期的部分用例：

(48) 干娘若肯去，到明日下小茶，我使人来请你。(《金瓶梅词话》第三回，31)

(49) 武松道："又教嫂嫂费心。"(《金瓶梅词话》第二回，20)

(50) 妇人道："都是你这不争气的，交外人来欺负我。"(《金瓶梅词话》第二回，20)

(51) 说着又推板儿道："你那爹在家怎么教你来？打发咱们作煞

事来？只顾吃果子咧。"(《红楼梦》第六回，90)

例（48）和例（51）是具体使役句。例（49）的"致事"缺省，但很明显是指"武松"。例（49）和例（50）是抽象使役句。

第二节 "与、给"字式使役句

关于"与"和"给"字式使役句，学界多从"使役"如何演变到"被动"的角度来研究。这方面比较有代表性的意见有两种：其一，蒋绍愚（2002：162）从句法语义的角度论证了给予动词发展到被动标记是经过使役句这一环节的；其二，马贝加（2014：432）则认为从"给"的语法化路径来看，汉语给予动词可以分别发展成使役标记和被动标记，存在两条独立的演变路径：①给予→使役，②给予→被动。不过以上研究都没有对"与"和"给"字式使役句自身结构和语义特点做充分研究，我们对近代汉语"与"和"给"字式使役句的句法和语义结构进行分析，可以更加清楚地勾勒出它们的发展变化过程。

一 "与"和"给"字式使役句句法语义特点

从历时材料上来看，"给"的大量使用是从清代中叶开始的，而在古汉语中表达"给予"义长期使用"与"字。张敏（2003：495）在分析了汉语历史文献和汉语方言中给予动词和使役、被动的关系之后，认为存在着这样的语法化链条："给予动词→与格标记→使役标记→被动标记。"而给予动词发展为被动标记是要经过使役动词这个环节的。不过由于"给"字使用的时间比较短，我们很难确定"给"到底是先用作使役标记还是先用作被动标记。

关于近代汉语"给"字式使役句，李炜（2002）做过比较充分的研究，下面主要讨论"与"字式使役句。

在古代汉语时期就能在文献中找到"与"字使役句的用例，不过在近代汉语时期其用例大量增加。如：

(1) 令五帝以折中兮，戒六神与向服（向：对证，服：事实，使对证/对质事实）。俾山川以备御兮，命咎繇使听直。（《楚辞·九章·惜诵》）

(2) 四时递来而卒岁兮，阴阳不可与俪偕（偕同，在一起）。（《楚辞·九辨》）（转引自江蓝生，2000：228）

(3) 故忠臣也者，能纳善于君，不能与君陷于难。（《晏子春秋·问上》①）（转引自江蓝生，2000：228）

(4) 数日，号令召三老、豪杰与皆来会计事。（《史记·陈涉世家》）

(5) 海内虚耗，户口减半，光知时务之要，轻徭薄役，与民休息。（《汉书·昭帝纪》）

(6) 远咏老庄，萧条高寄，不与时务经怀。（《世说新语·品藻》）

例（1）至例（6）中的"与"都可以理解为"使"，不过"给"的动词义还十分明显。和近代汉语中的"与"字使役句相比，古代汉语"与"字使役句中的"被使者（所使）"可以缺省。"与"字使役句式的句法格式在古汉语时期和"使"、"令"字使役句相似（"被使者"可以缺省），而在近代汉语时期和"教"、"让"字使役句相似（"被使者"缺省的情况很少）。我们知道，在现代汉语中，"被"字被动句中的施事可以缺省，而"教"、"让"和"给"字被动句中的施事一般不能缺省，通过对使役句中的"被使者（所使）"缺省情况的历史考察可以回答为什么存在这种差异。

唐宋以后的近代汉语文献中，"与"字使役句的用例就比较常见了。表4-7是近代汉语部分文献中"与"字使役句和其他类型使役句的使用情况②。

从表4-7可以看出，相对于其他类型的使役句，"与"字使役句出现的频率并不高。

---

① 《晏子春秋》是记载春秋时期齐国政治家晏婴言行的一部历史典籍，用史料和民间传说汇编而成。
② 在《敦煌变文》中有这样的例句，"大把忧煎与改移，广将贫困令扫除"（《敦煌变文·双恩记》卷五，930），在这个对偶句式中，"与"和"令"对举，"与"字用作使役标记。

第四章 由动词的虚化形成的近代汉语分析型致使结构

表 4-7 近代汉语部分文献中"教"、"使"和"与"字使役句的使用情况*

单位：例

文献	动词		
	教	使	与
《碧岩录》	62	9	4
《朱子语类》	87	99	4
《张协状元》	19	21	3
《型世言》	48	62	7
《儿女英雄传》	34	21	1

* 表中《碧岩录》中关于"教"和"使"字使役句的数据转引自张赪（2013）。

根据张赪（2013）对使役句语义结构的分析，我们可以将"与"字使役句从语义上分为以下几类。

其一，"致事（施事）+使役标记+役事（施事）+结果"。

(7) 县司<u>与</u>差人递送照应县去。(《入唐求法巡礼行记》卷四，149)

(8) 佛、老也只是理会这个物事，老氏便要常把住这气，不肯<u>与</u>他散，便会长生久视。(《朱子语类》卷十六，366)

其二，"○+使役标记+役事（施事）+结果"。

(9) 就选青白马两匹，<u>与</u>宋六带去。(《正统临戎录》，379)

(10) 他手里的东西，也不要留下他的，<u>与</u>他拿了出去。(《醒世姻缘传》三六回，324)

其三，"致事（事件）+使役标记+役事（施事）+结果"。

(11) 他做这等事，必<u>与</u>人反恶。(《型世言》一五回，136)

其四，"○+使役标记+役事（受事）+结果"。

(12) 你<u>与</u>我同出路，也被人欺负。遇着强人，你门怎区处？把担

杖钱和本，便与它将去。(《张协状元》，516)

其五，"致事（当事）+使役标记+役事（当事）+结果"。

(13) 风意未应迷狭路，灯痕犹自记高楼。露花烟叶与人愁。[宋·晏几道《浣溪沙》（团扇初随碧簟收），《全宋词》，240]

其六，"○+使役标记+役事（施事）+结果"。

(14) 若与我此山安乐，即便从伊；若与我此山不安，汝便当时发遣出此山中。(《敦煌变文·庐山远公话》卷二，252)

其七，"致事（事件）+使役标记+役事（当事）+结果"。

(15) 愿君收视观三庭，勿与嘉谷生蝗螟。(宋·苏轼《芙蓉城》，182)

我们来看"与"字使役句的语义特征情况，表4-8是近代汉语中"与"字式使役句的语义组成要素的语义特征情况（表中数据所调查的近代汉语文献有：《祖堂集》《碧岩录》《朱子语类》《张协状元》《水浒传》《型世言》《红楼梦》《儒林外史》《儿女英雄传》《官场现形记》）。

表4-8 近代汉语中"与"字式使役句的语义组成要素的语义特征

单位：例

语义要素		数量	占比
具体使役句		26	83.9%
抽象使役句		5	16.1%
致事	有生	20	64.5%
	无生	6	19.4%
	事件	0	0
	缺省	5	16.1%

续表

语义要素		数量	占比
所使	有生	27	87.1%
	无生	4	12.9%
	缺省	0	0
总数		31	

根据表4-8所反映的情况，我们可以得出以下结论。

其一，"与"字使役句中大部分都是具体使役句，只有5例是抽象使役句，而"给"字使役句基本上没有抽象使役的用法，这和现代汉语中的"给"字使役句是一致的。

其二，"与"和"给"字使役句中"致事"的生命度都比较高，不能是"事件"，而"给"字使役句中的"致事"一般只能是有生名词。这类使役句的"致事"都存在一定比例的缺省情况，一种情况是省略，可以依照文意补出来，另一种情况是没有办法补出来。

其三，从"所使"来看，有生名词远远多于无生名词，反映了"与"和"给"字使役句中的"所使"从有生名词向无生名词扩展的历史事实。

其四，根据所掌握的语料来看，"与"和"给"字使役句的"所使"不能缺省，这说明这类使役句在结构上虚化程度不高，可能是使用频率偏低造成的。

如上所述，我们可以把"与"和"给"字使役句的句法结构表述如下：

"与"字使役句：N_1（±人）+与+N_2（±人）+V。
"给"字使役句：N_1（+人）+给+N_2（+人）+V。

二 "给"和"与"字式被动句

我们知道至少在近代汉语中"给"和"与"都可以用作被动标记，把这种被动句看成"给"和"与"字式使役句的功能扩展可能更合适，从使役动词的角度来看，这种被动句则是进一步虚化的结果。

（一）"给"字式被动句

关于"给"字句发展为被动标记，蒋绍愚（2002：159～177）认为"给"从表示"给予"到表示被动经过了这样的发展："给"（给予）→"给"（让，叫）→"给"（被），然后再由类推完成。蒋文谈到了"给"在发展成被动标记的过程中需要经历使役这个中间环节，而且着重探讨了其从"使役"到"被动"这一发展过程的条件和原因，认为受事主语句的出现是演变的关键。如：

（16）师傅给他免帖一个。（《老乞大谚解》，264）

（17）正经更还坐不上来，又弄个贼来给我们看。（《红楼梦》六一回，831）

（18）给天下儿女吐一口气。（《儿女英雄传》"缘起首回"，5）

（19）又一个丫环笑道："别给宝玉看见。"（《红楼梦》五六回，762）

（20）甘心卑污苟贱，给那恶僧支使。（《儿女英雄传》七回，119）

（21）寡剩的几担豆子没丢吊，也给海水打滥上霉了。（《白姓官话》[①]）（转引自蒋绍愚，2012：333）

（22）里头原是给雨水打湿了的。（《白姓官话》）（转引自蒋绍愚，2012：333）

例（16）中的"给"是"给予"义，不过由于"给予"义动词是个三价动词，后面可以接双宾语，随着语义的虚化，后面的直接宾语可以由动词来充当，这就为"给"发展成使役动词创造了条件。例（17）和例（18）中的"给"相当于"让，叫"，是个使役动词。例（19）和例（20）中的"给"既可以理解为"使役"，也可以理解为"被动"，处于两可的状态，而例（21）和例（22）中的"给"就只能理解为"被动"了。从例

[①] 《白姓官话》是在冲绳发现的一种官话课本，是清代山东登州府莱阳县的一个商人白瑞临出海遭风漂流到琉球后撰写的，最终成书于乾隆十八年（1753年）。

第四章 由动词的虚化形成的近代汉语分析型致使结构

(16)到例(22)能反映出这个发展链条:"给"(给予)→"给"(让,叫)→"给"(被)。对这一发展链条的背后演变机制,蒋先生认为不是由于"给"的词义的变化带动句式的演变,而是由于句式的演变造成"给"的词义和功能的变化。然而"给"具有"让渡、容让"的意义,这也是这种句式能够发展的语义基础。从上面的例句也可以看出"给"字句发展成被动句的语义环境是"N_1+给+N_2+V+(X)",由于语法化的滞留原则,N_2被保留了下来,一直存在于现代汉语中。

"给"在《老乞大谚解》中有用例,在《红楼梦》和《儿女英雄传》中均大量出现,如:

(23)师傅给免帖一张。(《老乞大谚解》,264)
(24)往常老太太又给他酒吃。(《红楼梦》第八回,117)
(25)倒把房子让给远房几家族人来住。(《儿女英雄传》第一回,19)

不过"给"用作使役和被动标记的频率都比较低,表4-9是"给"字使役句和被动句在近代汉语一些文献中的使用情况。

表4-9 "给"字使役句和被动句使用情况

单位:例

文献	句式		
	使役句	使役兼被动	被动句
《红楼梦》	2	2	3
《儒林外史》	1	2	2
《儿女英雄传》	3	3	4
《官场现形记》	2	2	2
《老残游记》	3	2	4

"给"用作使役和被动标记的频率在近代汉语文献中低的原因可能有以下几点。

其一,"给"兼用的语法功能太多。在近代汉语中,"给"既可以作为给予义动词，又发展成使役和被动标记，同时"给"还可以充当介词。一个词如果兼用的语法功能太多的话，势必会影响到边缘语法功能的使用频率。"给"的主要语法功能是充当给予义动词，而不是充当使役和被动标记。

其二，使役动词和被动标记在近代汉语中的种类很多，处于一种竞争关系。近代汉语中的使役动词主要是"使"、"教"和"让"，而被动标记最主要的还是"被"，其次是"教"和"让"，而"吃"、"蒙"、"与"和"给"等作为被动标记出现的频率都比较低。

其三，被动标记可能存在地域上的差异。桥本万太郎（1987）提出，汉语南北方言中的被动标记存在类型上的差异，北方方言将使役动词当作被动标记，南方方言将给予义动词当作被动标记，并且他认为使役动词兼作被动标记是汉语阿尔泰化的结果。江蓝生（2000：231）承认汉语南北方言中被动标记的这种差异，但认为不存在类型上的差异，而只是词汇选择的不同，没有受到外族语言的影响。他认为"北方方言用使役表被动反映的是唐代以来的历史层次，而南方方言用给予动词兼表使役和被动反映的是上古的历史层次"。不过，无论是类型上的差异，还是词汇选择的不同，汉语南北方言被动标记的差异是事实存在的。因此作为南方方言中的被动标记"给"在近代汉语文献中低频率出现是很正常的。李炜（2002、2004）通过对清代中叶以来南北方言作品的调查做出了这样的推测："用表示给予的动词来表示使役可能是古已有之的，但主要在南方话里得到了继承，北方话选择了'叫、让'表使役，排斥兼表给予的词表使役。近年来北京话里又出现了用兼表给予的词表使役可能与口头上的南方官话对北京口语的影响有关。"

（二）"与"字式被动句

上面对"给"字句的探讨基本上使用的是共时的语言材料，"给"作为给予义动词的用例出现在明代，文献的时间跨度不大，从历时研究的角度来看，"给"字句的发展轨迹不是很明显。我们知道在古汉语中表达"给予"义长期使用"与"字。下面我们来考察"与"字式被动句的发展演变过程。

江蓝生（2000：230）指出例（26）中的"与"字句可以解释为被动句。

第四章　由动词的虚化形成的近代汉语分析型致使结构

（26）吴王夫差栖越于会稽，胜齐于艾陵，为黄池之遇，无礼于宋，遂与勾践禽，死于干隧。（《战国策·秦策五》）

不过正如前文"被"字句所分析的那样，这里的"与"字还不能算是真正意义上的被动标记。而且这个时候的"与"的实词意义还很明显，不能算作完全意义的被动标记。根据贝罗贝的研究（徐丹，1990），中古汉语时期"给予"义动词"与"取代了"予"和"遗"成为主要的"给予"义动词，这种词汇统一使得"与"开始正式虚化。我们来看下面的例句。

（27）卓王孙不得已，分予文君僮百人，钱百万。（《史记·司马相如列传》）

（28）衣食皆仰给县官，数岁假予产业。（《史记·平准书》）

（29）乌氏倮畜牧，及众，斥卖，求奇缯物，闲献遗戎王。（《史记·货殖列传》）

（30）卓王孙不得已，分与文君僮百人，钱百万。（《汉书·司马相如传》）

（31）数岁贷与产业，使者分部护，冠盖相望，费以亿计，县官大空。（《汉书·食货志》）

（32）亮后为丞相，教与群下曰……（《三国志·蜀书·诸葛亮传》）

（33）桓公见谢安石作简文谥议，看竟，掷与坐上诸客。（《世说新语·文学》）

从例（27）到例（33）可以明显地看出"与"逐渐代替了"予"和"遗"表示"给予"义，而这种词汇的统一使得"与"开始虚化。上面例句中的"与"出现的语法环境是"V + 与 + OI（间接宾语）+ OD（直接宾语）"，在上古汉语中实义动词"与"还可以出现在下面三种语法环境中：与 + OI + OD、V + OD + 与 + OI、与 + OD + OI。

"与"在下面四种语法环境中都不可能重新分析成"使役"或"被动"，因为"与"后面没有出现动词，整个句子的语义重心也不可能实现转移。不过唐代以后，"与"渐渐就发展成了使役或被动标记。

(1) V + 与 + OI + OD：分与文君僮百人。

(2) 与 + OI + OD：与文君僮百人。

(3) V + OD + 与 + OI：分僮百人与文君。

(4) 与 + OD + OI：与僮百人文君。

在近代汉语中，"与"表示"使役"和"被动"一直存在，但是出现的频率很低。表 4 – 10 是近代汉语部分文献中"与"字使役句和被动句的使用情况。

表 4 – 10　近代汉语部分文献中"与"字使役句和被动句的使用情况*

单位：例

文献	句式		
	使役句	使役兼被动	被动句
《祖堂集》	2	0	1
《古尊宿语要》	3	1	2
《水浒传》	1	2	4
《型世言》	5	2	6
《红楼梦》	0	2	2
《儿女英雄传》	1	0	1
《官场现形记》	1	0	2

*表中《祖堂集》和《古尊宿语要》的数据转引自郑宏（2009）。

具体用例如下：

(34) 心同野鹤与尘远，诗似冰壶见底清。（唐·韦应物《赠王侍御》，《全唐诗》卷 187 – 12）

(35) 彼王早知如是次第，何妨与他修行？（《祖堂集·江西马祖》卷一四，538）

(36) 我是主母，怎么用钱，反与家奴作主。（《型世言》一五回，137）

(37) 虽想二姐儿实在温和怜下，如今死去，谁不伤心落泪？只不敢与凤姐看见。（《红楼梦》六九回，952）

第四章　由动词的虚化形成的近代汉语分析型致使结构

(38) 不要烦烦恼恼, 与别人看破了, 生出议论来。(《二刻拍案惊奇·莽儿郎惊散新莺燕》卷九, 67)

(39) 如冰水好空相妒, 枉与他人作笑谈。(《红楼梦》第五回, 68)

(40) 天子愚暗痴呆, 与人穿着鼻, 成个甚么朝廷?(《新编五代史平话·唐史》卷上, 56)

(41) 却才你与兄弟张顺附体, 杀了方天定这贼。(《水浒传》一一五回, 1248)

(42) 老王八, 依你说起来, 我的孩儿应该与这杀材骗的。(《醒世恒言·乔太守乱点鸳鸯谱》第八卷, 332)

例 (34) 到例 (37) 中的"与"是使役标记。例 (38) 和例 (39) 中的"与"兼表"使役"和"被动"。例 (40) 至例 (42) 是"与"充当被动标记, 在这些例句中, "与"的前面都已出现受事主语, "与"后面的动词都是及物动词, 而且都出现施事者。从上面例句中可以看出"与"充当使役和被动标记的差异有两点: 第一, 主语施受事的差异, 使役句的主语是使事, 而且是个兼语结构, 被动句是受事做主语; 第二, 被动句中的核心动词一定是及物动词。

下面是其他"与"字被动句的用例。

(43) 自死与鸟残, 如来相体恕。(《王梵志诗·自死与鸟残》卷三, 204)

(44) 世间一等流, 诚堪与人笑。(《寒山诗》二八四, 783)

(45) 或在城市, 随处任缘; 或为人所使, 事毕却还。彼有智者, 每劝之曰:"和尚是高人, 莫与他所使。"(《祖堂集·慧可禅师》卷二, 450)

(46) 武二回来, 却怎生不与他知道六姐是我娶了才好?(《金瓶梅词话》第九回, 91)

(47) 没的相公留这家当也非容易, 如今终日浪费嫖赌, 与光棍骗去, 甚是可惜。(《型世言》一五回, 135)

(48) 凭着咱胆气, 料没得与他拿去, 只他官兵来奈何?(《型世

言》一七回，153）

(49) 皮匠便跳起道："放屁，你家老妈官与人戏，那三五两便歇。"(《型世言》二七回，243)

例（43）至例（49）中的"与"都可以理解为"被"，不过给予义动词的"给予义"、"使让义"和"被动义"有时候很难区分，要通过具体语境才能识别。如"他生怕给人知道了这件事"中的"给"既可以理解为"给予义（抽象）"，也可以理解为"使让义"和"被动义"。

第三节 "（著）着"字式使役句

《说文解字·竹部》："箸，饭攲也。从竹，者声。"将"箸"解释为吃饭的筷子，应当是其引申义。"箸"的本义是用竹棍拨火使明，后俗将竹头改为艹头作著。宋代"著"的草体楷化，分化出"着"字。"着"是"著"的后起字，唐代及以前多写作"著"，唐代以后多写作"着"。本节除部分例句外，在行文中均写作"着"。

关于"着"字式使役句的研究，学界的主要着眼点在于"着"字式使役句是不是"着"字式被动句的来源。蒋冀骋、吴福祥（1997：612）和马贝加（2014：933）都认为"着"字被动句来源于"着"的遭受义。李蓝（2006）和郑宏（2006）都倾向于"着"字被动句有两种来源：一是来源于"着"的遭受义；二是来源于"着"字式使役句。蒋绍愚（2005：256）认为："对于表被动的'着'到底是来源于表'遭受'的'着'，还是来源于表示使役的'着'，还需要收集大量的材料来进行研究。但是，有一点值得我们考虑：表被动的'着'字句的构成，几乎全都是'着+N+V'，而很少看到'着+V'的形式，这可以启发我们：它可能是由使役句转化而来的。"下面我们主要考察"着"字式使役句的来源和发展变化过程，并对相关问题进行解释。

一 致使词"着"的来源

《广韵》中的"着"读为张略切（三等、开口），义为"使接触别的事物，使附在别的物体上"，即"附着义"。读为陟虑切（三等、开口），义为"使用义"。《中原音韵》中的"着"在鱼模部有去声的读法，来源于中古的陟虑切（三等、开口），在萧豪部和歌戈部都有平声的读法，来源于中古的张略切（三等、开口）。马贝加（2014：921）认为"'着'至少有三个动词意义，分别是'附着'或'放置'义、'持拿'或'使用'义和'遭受'或'承受'义。"不过，马文并没有论述这些语义的关系。张美兰（2006）认为："在中古汉语里，'着'由'附着'义发展出'放置'、'遭受'、'使用'等含义。"我们认为"着"的基本义为"接触、贴近"，引申出"附着"、"放置"、"使用"和"遭受"等义，在此基础上"着"进一步发展成致使词和被动标记。

从"着"在中古、近代汉语文献中的使用情况来看，我们认为其具有"放置"、"附着"、"使用"和"遭受"四个义项。我们来看下面的例句：

（1）血脉不复归，必燥著母脊。（《三国志·魏书·方伎传》）
（2）人今总摘取，各著一边厢。（《游仙窟》，11）
（3）道由言讫，便奔床卧，才著锦被盖却，横马举鞍，便升云雾，来到隋文皇帝殿前，且辞陛下去也。（《敦煌变文·韩擒虎话本》卷二，298）
（4）你当日逞英雄与曹操做敌头，则被他倒空营，俺着他机彀。（《元曲选·关云长千里独行》第二折，556）

以上各例句中的"着"，例（1）是"附着"义；例（2）是"放置"义，"一边厢"即"一边"（"厢"即"边"，属于语素羡余）；例（3）是"持拿"或"使用"义，这种语义可以发展出工具式；例（4）是"遭受"义，"着"和"被"对举，语义很明显。我们认为"着"发展为致使词的语义基础是"着"的"附着"义、"放置"义和"使用"义，下面分别加以论述。

（一）附着→使役

"着"的附着义发展出使役义经历了一个句式融合、重新分析的过程。

我们看下面的例句：

(5) 夜雾<u>着</u>衣重，新苔侵履湿。(唐·韦应物《郡中对雨，赠元锡兼简杨凌》，《全唐诗》卷 188 - 10)

(6) 风声吹竹健，凉气<u>着</u>身轻。谁有闲心去，江边看水行。(唐·齐己《秋兴寄胤公》，《全唐诗》卷 838 - 61)

(7) 风回便报晴，淡云斜照<u>著</u>山明。[宋·苏轼《南歌子》(雨暗初疑夜)，《全宋词》，292]

(8) 别离滋味浓于酒。<u>着</u>人瘦。[宋·张耒《秋蕊香》(帘幕疏疏风透)，《全宋词》，593]

马贝加 (2014：944) 认为："就语义关系而言，'着 + N + A'式有作多种理解的可能性。"即例 (5)、例 (6) 中的"重"和"轻"在语义指向上不明确，既可以指"雾""气"，也可以指"衣""身"。不过，这只是具有两种分析上的可能性，从诗文的对仗来看，例 (5) 和例 (6) 中的"重"和"轻"应该是指"衣"和"身"，因为"湿"和"健"在语义上是指向"履"和"竹"的。此外，"夜雾着衣重""凉气着身轻"在层次划分上存在多种可能性，"着衣重""着身轻"结合得并不紧密，因此例 (5)、例 (6) 还不能算作使役句。例 (7) 中的"明"在语义上指向"山"，而这里的"著"既可以理解为"附着"，也可以理解为"使"，句意可以理解为"阳光著 (附着) 山，著 (使) 山明"，这为"着"从"附着"义发展到"使役"义提供了重新分析的可能。例 (8) 中的"瘦"只能是指"人"了，而且由于"着人瘦"是单独的语段，结合得比较紧密，可以将这里的"着"认为是使役动词了。这一演变过程我们可以描述为动作义 (附着义)→小句融合→致使义，演变条件是句式融合、重新分析。

(二) 放置→使用→派遣→使役

"放置"义的"着"在中古汉语时期就有用例，如：

(9) 作十饼如手掌，<u>著</u>湿草卧一宿，便阴干。(《博物志》)

第四章　由动词的虚化形成的近代汉语分析型致使结构

(10) 以犀柄麈尾<u>著</u>柩中，因恸绝。(《世说新语·伤逝》)

(11) 新添水槛供垂钓，故<u>着</u>浮槎替入舟。(唐·杜甫《江上值水如海势，聊短述》，《全唐诗》卷 226–63)

例 (9) 至例 (11) 中的"着"均表示"放置"。"着"的"放置"义发展出"使用"义（即工具式）的原因有两点：一是句法结构相似，即"V$_{放置}$ + N + VP"和"V$_{使用}$ + N + VP"相似；二是语义上存在重新分析的可能，如上面的"著湿草卧一宿"既可以理解为"放湿草卧一宿"，也可以理解为"用湿草卧一宿"，与现代汉语中的"放清水慢煮"和"用清水慢煮"表义类似。金小栋、吴福祥 (2017) 利用汉语方言材料证明了"着"、"搁"和"放"等汉语放置义动词经历了平行的语义演变，他们认为"放置/添放义＞工具"是汉语中反复出现的语义演变模式。

我们认为从"着"的"使用"义发展出来的工具式是"着"字使役句产生的一个诱导因素。工具式中的工具名词在原型上应该是生命度低或是无生命的事物，不过在类推和泛化的作用下，工具名词可以由生命度高的人或团体来充当。在表工具的"着"构成的句子中，如果"着"后的工具名词的生命度较高（名词是人的身体或人体器官），就可以将其看作其后动词的施事，这样句子就可以理解为使役句了。如：

(12) 身中始得坚牢藏，心上还除染患胎，帝释敢（感）师兄说法力，<u>著</u>何酬答唱将来。(《敦煌变文·维摩诘经讲经文》卷五，891)

(13) 卓（桌）子上看时，果然错封了一幅白纸归去，<u>着</u>一幅纸写这四句诗。(《简帖和尚》，397)

(14) 诗万首，酒千觞。几曾<u>着</u>眼看侯王。(宋·朱敦儒《鹧鸪天·西都作》，《全宋词》，843)

(15) 奉圣旨，<u>着</u>小官主兵蒲关，提调河中府事，上马管军，下马管民。(《西厢记》第五本第三折，228)

例 (12) 至例 (15) 中的"着"都可以理解为工具式，意为"用"。不过，充当"着"后面的工具名词的生命度是有差异的。其中例 (12) 和例（13）是无生命的事物，例（14）是身体名词，在有些情况下可以理解为人对宾语施加动作，因此工具就转换为所使，句子表现为使役。例（15）中的"着小官主兵蒲关"既可以理解为工具式（用小官来主兵蒲关，即"小官"是一个工具），也可以理解为使役式（让小官主兵蒲关）。从"使用"到"命令"再到"使役"，这个演变过程和蒋绍愚（2012）总结的工具式发展为致使义处置式是一样的。这一演变过程我们可以描述为：动作义（放置义）→工具式（使用）→派遣→使役。

我们讨论了致使词"着"的两个演化来源：①"附着→使役"；②"放置→使用→派遣→使役"。其中来源于①的致使词"着"只能表达致使义，而来源于②的致使词"着"既可以表达使令义，也可以表达致使义。

二 "着"字使役句在近代汉语时期的使用情况

下面我们考察"着"字使役句在近代汉语时期的使用情况。

（一）唐宋

唐之前存在一些"着"字使役句的疑似用例，如：

（16）吴主怒，敕缚琰，<u>着</u>甲士引弩射之。（《搜神记·介琰变化隐形》）

（17）女尚书<u>著</u>貂蝉佩玺陪乘，载筐钩。（《晋书·礼志》[①]）（转引自田春来，2009）

（18）《葛洪方》曰："人得蛊，欲知姓名者，取蘘荷叶<u>著</u>病人卧席下，立呼蛊主名也。"（《齐民要术》[②] 卷三）（转引自田春来，2009）

例（16）中的"著"有注本写作"差"，可能是"差"的形误。例（17）出自唐人编的《晋书》，不一定反映唐之前的语言事实。例（18）中

[①] 《晋书》是"二十四史"之一，由唐代房玄龄等人合著。该书记载的历史上起于东汉末年，下至东晋恭帝元熙二年（420年）刘裕废晋帝自立，以宋代晋。

[②] 《齐民要术》大约成书于北魏末年（533—544年），是农学家贾思勰所著的一部综合性农学著作。

第四章 由动词的虚化形成的近代汉语分析型致使结构

的"着"不应该看成使役动词,该句的断句应该是"取蘘荷叶/著病人卧席下",意为"把蘘荷叶放在病人的卧席下",而不是"让病人睡卧在席下","着(著)"的意义是"放置"。总体上,唐之前还没有发现非常明确的"着"字使役句的用例。

唐五代语料,笔者调查了《全唐诗》《敦煌变文》《祖堂集》《入唐求法巡礼行记》。宋代语料,笔者调查了《三朝北盟会编》、《全宋词》、《张协状元》和《朱子语类》(卷1—62)。

我们发现"着"字式使役句在唐代已经出现了,不过用例较少。《敦煌变文》有2例,《入唐求法巡礼行记》有5例具体使役句,《全唐诗》有11例抽象使役句。如:

(19)专著(差)鹡鹉往捉,鹡鹉奉命,不敢久停。(《敦煌变文·燕子赋》卷三,379)

(20)故人赠我我不违,着令山水含清晖。(唐·李白《酬殷明佐见赠五云裘歌》,《全唐诗》卷167-12)

(21)怜渠直道当时语,不着心源傍古人。(唐·元稹《酬孝甫见赠十首》,《全唐诗》卷413-11)

(22)缘上都不得卖买,便着(差)前件人等,为买杂物来。(《入唐求法巡礼行记》卷一,115)

(23)天台山留学圆载阇梨称,进表遣弟子僧两人,令归日本国。其弟子等来到慎言处觅船,慎言与排比一只船,着人发送讫。(《入唐求法巡礼行记》卷四,154)

(24)二月五日,为取楚州刘慎言处寄经论等,着丁雄万就阇方金船遣楚州。(《入唐求法巡礼行记》卷四,151)

例(19)和例(22)中的"着"(著)和"差"可以互用,与例(23)、例(24)一样是具体使役句,结构为"致事(施事,可以补出来)+使役标记+所使(施事)+结果"。例(20)和例(21)是抽象使役句,结构为"○+使役标记+所使(当事)+结果"。

"着"字使役句在宋代的用例有所增多,《朱子语类》(卷1—62)有11

例具体使役句，《三朝北盟会编》有 2 例具体使役句，《全宋词》有 9 例抽象使役句，《张协状元》有 1 例抽象使役句。如：

(25) 盖才行此，便<u>着</u>教他习武事。(《朱子语类》卷四三，1104)

(26) 我<u>着</u>人马三面逼着，令汝家就取，却恁生受，奈何不下。(《三朝北盟会编·茅斋自叙》卷一二，104)

(27) 正佳时，仍晚昼。<u>著</u>人滋味，真个浓如酒。[宋·李之仪《谢池春》(残寒销尽)，《全宋词》，3908]（句义为"令人感到滋味深厚，真个是浓似醇酒"）

(28) 伊<u>着</u>我，此心坚。石头须，定教它穿。(《张协状元》，521)

例 (25) 和例 (26) 是具体使役句，例 (27) 和例 (28) 是抽象使役句。

如上所述，唐宋时期的"着"字使役句在文献中的使用情况主要表现出以下三个特点。

其一，唐宋时期的"着"字使役句在文献中虽已有用例，但都低频出现，说明还处于萌芽阶段。而且这个时期的"着"字具体使役句多出现在散文中，而抽象使役句多出现在韵文（唐诗、宋词、戏曲）中。

其二，唐代文献中部分表使令义的"着"可以用"差"来代替，且"所使"多是生命度高的人或团体，说明"着"表使役来源于它的"派遣"义。在唐宋散文文献中，没有发现"着"字抽象使役句的用例，说明此时来源于"派遣"义的"着"字具体使役句还没有发展出"致使"义。

其三，唐宋时期的"着"字抽象使役句都出现在韵文中，其"所使"多是无生命的事物，说明其来源是"着"的"附着"义。唐宋时期的"着"字具体使役句和抽象使役句的来源是不同的，前者来源于"派遣"义，后者来源于"附着"义。

（二）元代

元代语料，笔者调查了《新校元刊杂剧三十种》《西厢记》《原本老乞大》。表 4-11 是"着"字使役句在元代部分文献中的使用情况。

第四章　由动词的虚化形成的近代汉语分析型致使结构

表4-11　"着"字使役句在元代部分文献中的使用情况

单位：例

句义	文献		
	《新校元刊杂剧三十种》	《西厢记》	《原本老乞大》
使令义	17	19	15
致使义	4	22	0
总数	21	41	15

根据表4-11，我们发现"着"字使役句在元代文献中很常见，而且用法呈现出多样化的特点。

其一，元代"着"字抽象使役句的用例增多，在《西厢记》中有22例，《新校元刊杂剧三十种》中有4例。在"着"字抽象使役句的用例中，"所使"多是生命度高的人物名词。如：

(29) 老夫人事已休，将恩变为仇，<u>着</u>小生半途喜变做忧。(《西厢记》第四本第二折，180)

(30) 若是扫荡妖氛<u>着</u>百姓欢，干戈息，大功完。(《西厢记》第二本第三折，100)

(31) 老夫石好问，为兄弟韩辅臣、杜蕊娘，在金线池上<u>着</u>他两口儿成合。(《新校元刊杂剧三十种·杜蕊娘智赏金线池》第四折，102)

上面例句中的"所使"为"小生""百姓""他两口儿"，都是生命度高的人物名词，整个句子都是描述人物的身体或心理状况。

如前所述，唐宋时期"着"字抽象使役句的"所使"多是无生命的事物，而元代"着"字抽象使役句的"所使"多是生命度高的人物名词，出现这种差别的原因在于元代"着"的致使义是其使令义进一步虚化的结果，而唐宋时期"着"的致使义来源于其附着义。

其二，元代"着"字具体使役句的"致事""所使"都是生命度高的人物名词，句子表达的是"使令者 N_1 令受使者 N_2 去完成某件事"，V_2 都是具体动作、自主动词。如：

101

(32) 俺小姐送得人如此，又着我去动问，送药方儿去，越着他病沉了也。(《西厢记》第三本第四折，160)

(33) 老夫人着俺问长老：几时好与老相公做好事？看得停当回话。须索走一遭去来。(《西厢记》第一本第二折，25)

(34) 你娶了老婆便罢，又着我寄纸书来作什么？(《新校元刊杂剧三十种·迷青琐倩女离魂》第三折，180)

例（32）至例（34）的"去""问""寄"都是表示具体动作的自主动词。

其三，元代"着"字使役句中的"致事"和"所使"存在缺省的情况。其中"致事"缺省或事件化（"致事"在句子中变成了一个"致使事件"，这个"致使事件"导致"所使"发生了某种状态的改变）的情况多出现在抽象使役句中。如：

(35) 着妹妹目下恨难支，把哥哥闲传示。(《新校元刊杂剧三十种·迷青琐倩女离魂》第四折，186)

(36) 今日多情人一见了有情娘，着小生迷留没乱，心痒难挠。(《西厢记》第一本第四折，55)

(37) 似这般可喜娘的庞儿罕曾见，则着人眼花撩乱口难言，魂灵儿飞在半天。(《西厢记》第一本第一折，7)

例（35）中的"致事"缺省，例（36）和例（37）的"致事"是一个"致使事件"，三个例句都是抽象使役句。

具体使役句和抽象使役句在"致事"上的这种差异是由使役结构中"致使力"的传递方式决定的。我们知道，具体使役句中的"致事"是致使力的发出者，"所使"不是"致使力"传递的终点，具有一定的自控性，所以两者都是由生命度高的人物名词来充当。而抽象使役句中的"致事"可以单纯地表示致使原因，使役语义上有所弱化，故其可以缺省或事件化。

"着"字使役句中的"所使"缺省一般出现在表使令义的句子中，不过"所使"都能通过上下文补充出来。值得一提的是，这类"着V"句式在宋代就有用例，仅见于《朱子语类》［如例（38）、例（39）］，只不过在元代比较常见。

（38）只是微子是商之元子，商亡在旦暮，必<u>着</u>去之以存宗祀。（《朱子语类》卷四八，1194）

（39）时举录云："到职事了办后，也<u>着</u>去学。"（《朱子语类》卷四九，1212）

（40）夫人使侍妾来问：几时好与老相公做好事？<u>着</u>看得停当了回话。（《西厢记》第一本第二折，25）

（41）免帖上师傅尽<u>着</u>花押。（《原本老乞大》，54）

（42）锅子上盖覆了，休<u>着</u>出气。（《原本老乞大》，46）

例（38）至例（42）中的"所使"都能够通过上下文补充出来，句义没有发生改变，还是表达使役义。张赪（2014）考察了宋元使役句"役事"（即"所使"）省略的情况，发现元代使役句出现了"句义偏离使役义、句义完全没有使役义"的情况，并认为元代兼语缺省而产生的语义变化是汉蒙语言接触的结果。不过，我们没有发现"着V"句式的这种句义偏离，上面例句的"所使"都能够补充出来，"着"在这类句子中还具有很强的使令义，多表现为命令语气，这为"着"固化为行政公文用语提供了语义基础。

（三）明清

明代语料，笔者调查了《皇明诏令》（卷三）、《水浒传》、《西游记》和《金瓶梅词话》。《皇明诏令》（卷三）有21例，《水浒传》有124例，《西游记》有23例，《金瓶梅词话》（一般认为具有山东方言背景）有18例。这些"着"字使役句绝大部分都表达使令义，只有零星的抽象使役句用例（《水浒传》有2例，《西游记》有3例，《金瓶梅词话》有1例），如：

（43）关胜大喝："……若不下马受降，<u>着</u>你粉骨碎身。"（《水浒传》六四回，846）

（44）只是那魔头不知怎么就吩咐他这话，却是个谣言，<u>着</u>他这等

胡念。(《西游记》七四回，907)

(45) 如此如此，着他师徒首尾不能相顾。(《西游记》七六回，933)

(46) 金莲道："你着这老婆子这等张睛！"(《金瓶梅词话》五九回，725)

清代语料，笔者调查了《红楼梦》、《儒林外史》和《儿女英雄传》，"着"字使役句用例偏少(《红楼梦》有17例，《儒林外史》有6例，《儿女英雄传》有4例)，都表达使令或派遣义，没有抽象使役句的用例，而且多用于政令下达或上级对下级的指示，形式有所固化，与同时期常用的"叫""让"等使役句式相比，用例偏少，说明"着"字使役句在清代逐渐式微。

三 "着"表被动不是来源于表使役

如前所述，对于"着"字被动句的来源，学界有不同的看法。部分学者对"着"字被动句持"多源"的看法。李蓝（2006）主张"将现代汉语方言中的'着'字式被动句离析为两种来源完全不同的类型：一种是来自'遭受义'的受动型'着'字式被动句，这种'着'字句目前只见于南方汉语方言；另一种是来自'使役'的使令型'着'字式被动句，这种'着'字式目前只见于北方汉语方言"。郑宏（2006）梳理了"着"字被动句的发展与演变，认为"'着'表被动的语义基础是其作动词时的遭受义，但使役用法推动了'着'字被动句的发展"。不过，田春来（2009）认为，"近代汉语里的着字句不能作出如此分明的离析，而且要判断文献中哪些'着'字被动句来源于'着'字使役句是个很难解决的问题"。我们认为，近代汉语的"着"字被动句来源于"着"的"遭受"或"承受"义，这可以从以下几个方面来解释。

（一）"着"字被动句的出现早于"着"字使役句

根据文献，我们发现"着"字被动句比"着"字使役句产生的时间要早。田春来（2009）和张振羽（2010）均指出"着"字被动句在魏晋南北

第四章 由动词的虚化形成的近代汉语分析型致使结构

朝时期就已经萌芽,并举例如下:

(47)譬如任婆叶,蜜<u>着</u>虫所唼,为贪之所惑,至死而不舍。(《大庄严论经》① 卷四)

(48)如彼愚人弃于宝箧,<u>着</u>我见者亦复如是。(《百喻经·宝箧镜喻》②)

上面两例可以理解为被动句,不过这个时期"着"字被动句的用例较罕见。

唐五代时期,"着"字被动句用例逐渐增多,如:

(49)一朝<u>着</u>病缠,三年卧床席。(《寒山诗》二七五,709)

(50)郗公不易胜,莫<u>着</u>外家欺。(唐·王维《戏题示萧氏甥》,《全唐诗》卷126-78)

(51)田头有鹿迹,由尾<u>着</u>日炙。(五代·曾崇范妻《梦中语》)(转引自马贝加,2014:934)

"着"字使役句最早出现在唐朝中前期的韵文中,都是抽象使役句,表达"致使"义,直到后期才出现在散文中,是具体使役句,表达"使令"义。如:

(52)故人赠我我不违,<u>着</u>令山水含清晖。(唐·李白《酬殷明佐见赠五云裘歌》,《全唐诗》卷167-12)

(53)专<u>著</u>(差)鷓鹁往捉,鷓鹁奉命,不敢久停。(《敦煌变文·燕子赋》卷三,379)

"着"字被动句的产生早于"着"字使役句,因此我们至少可以说早期

---

① 《大庄严论经》是晋朝时期创作的经书,后秦鸠摩罗什译。
② 《百喻经》全称《百句譬喻经》,是古天竺僧伽斯那撰,南朝萧齐天竺三藏法师求那毗地译。

"着"字被动句是不可能来源于"着"字使役句的。

（二）"着"发展出被动义和"遭受义"动词发展出被动义的过程类似

近代汉语时期，"使役—被动"和"遭受义"动词演变为被动标记是很常见的两种演变模式。从演化的终点来看，这两类被动句虽然很相似，但还是存在差异。我们来看下面的例句：

（54）张三今天被批了一顿。

（55）张三今天给批了一顿。*

（56）张三今天叫批了一顿。*

（57）张三今天被老师批了一顿。

（58）张三今天给老师批了一顿。

（59）张三今天叫老师批了一顿。

例（54）、例（57）、例（58）和例（59）是成立的，例句（55）和例（56）是不成立的。我们发现现代汉语中，"被"字式被动句的施事者出现或隐含很自由，而来源于使役句的被动句的施事者出现或隐含是有限制的。而近代汉语"着"字被动句的表现就是"着+V"形式较多，这和"被"字式被动句相似。如：

（60）燕子单贫，造得一宅，乃被雀儿强夺，仍自更着恐吓。（《敦煌变文·燕子赋》卷三，376）

（61）正尴尬，莫贪婪，恶风波吃闪的都着淹，流则盈科止则坎。（元·乔吉《山坡羊·失题》）

（62）李瓶儿见官哥儿吃了刘婆子药不见动静，夜间又着惊唬，一双眼只是往上吊吊的。（《金瓶梅词话》五八回，706）

例（60）至例（62）都是"着+V"形式，其中例（61）转引自田春来（2009）。我们知道，在现代汉语中，"给"字被动句中的"施事者"在一定情况下是可以被省略的。如：（1）今天没带伞，赶上一场大雨，衣服

第四章　由动词的虚化形成的近代汉语分析型致使结构

和鞋子都<u>给</u>淋湿了；(2)账<u>给</u>算错了，这下老李损失大了；(3)刘翔的小腿<u>给</u>拉伤了。事实上，这类句子都是受事主语句，去掉"给"之后，句子照样成立，把这种"给"看成助词也未尝不可。而这里的"着"却不能省略，这也说明这两种被动标记是有区别的。

从演化的过程来看，来源于使役句的被动句的施动者经历了一个从有生到无生的扩展过程，而来源于动词"遭受义"的被动句没有这样一个明显的过程。如前所述，我们知道唐宋时期"着"字使役句的用例并不常见，而这个时期却出现了很多生命度不高或无生命的施动者的"着"字被动句，这和"给"字和"教"字被动句的演变过程是不一样的，却和"被"字被动句相似。如：

(63) 一朝<u>着</u>病缠，三年卧床席。(《寒山诗》二七五，709)

(64) 似<u>着</u>胭脂染，如经巧妇裁。(唐·裴度《蔷薇花联句》，《全唐诗》卷790-4)

(65) 弱羽长忧俊鹘拳，疽肠暗<u>着</u>鹓雏啄。(唐·元稹《有鸟二十章》，《全唐诗》卷420-1)

(66) 海上说蔷薇，何似桂华风度。高古。高古。不<u>着</u>世间尘污。[宋·向子諲《如梦令》(欲问萝林秋露)，《全宋词》，975]

(67) 两鬓青青，尽<u>着</u>吴霜偷换。(宋·袁去华《雨中花·按调乃满路花》，《全宋词》，1501)

(68) 千里空携一影来，白头更<u>着</u>乱蝉催。[宋·陈与义《菩萨蛮》(南轩面对芙蓉浦)，《全宋词》，1070]

(69) 梅花也<u>着</u>东风笑，一夜瘦添多少。(宋·张炎《摸鱼儿·春雪客中寄白香岩、王信父》，《全宋词》，3491)

例(63)至例(69)中"着"字被动句的施动者以无生命("病""胭脂""世间""吴霜""东风")或生命度较低("鹓雏""乱蝉")的事物充当，而同时期高生命度施动者的"着"字被动句却很少见，这说明"着"字被动句的施动者没有经历从有生到无生的扩展过程，这不符合从"使役"到"被动"的演变过程。"被"字被动句的施动者的出现也没有经历这样的

107

过程，和"着"字被动句是一致的。

从语音上来看，"着"的"附着"义或"使用"义读入声，张略切，是"着"字使役句的语义基础，而"受到"义读入声，直略切，是"着"字被动句的语义基础。这也说明了"着"表被动不是来源于它的使役用法。

（三）"着"字被动句在宋元时期的用例不多

据田春来（2009）的调查，"着"字被动句在《西厢记诸宫调》中有 1 例，在《元曲选》中有 3 例，在《新校元刊杂剧三十种》中有 4 例。而元代的"着"字使役句出现的频率比前后时期都要高，这也间接说明"着"字被动句不是来自于其使役用法。如：

(70) 张生心迷，着色事破了八关戒。(《西厢记诸宫调》卷一，271)

(71) 我着你似生驴般吃顿拷。(《元曲选·吕洞宾度铁拐李岳》第一折，324)

(72) 子为评跋上惹是非，折莫旧友新知，才见了着人笑起。(《元曲选·李亚仙花酒曲江池》第二折，1635)

(73) 每日着这两个帮闲钻懒的哄着，结义为兄弟，搬的俺弟兄每不和。(《杀狗劝夫》第四折，198)

例（70）至例（73）是宋元时期"着"字被动句的用例，虽然这里的"着"可以置换成"让"，但是我们不能以此来证明表示被动的"着"来源于"着"的使役用法。我们知道，"让"既是使役标记，也是被动标记，正如很多"被"字被动句（施动者出现）可以置换成"让"，但不能以此认为"被"字被动句来源于使役句一样，我们对上面的例句也不能做那样的推测。

有一点值得注意的是，在明末清初的文献《醒世姻缘传》中，我们发现了不少"着"字使役句（57 例）和"着"字被动句（11 例），如：

(74) 晁夫人道："臭老婆！七爷着人打的雌牙扭嘴的，你可不奚落他怎么？快装一大瓶酒，叫人送给你七爷去。"(《醒世姻缘传》五三

第四章　由动词的虚化形成的近代汉语分析型致使结构

回，477)

(75) 童奶奶道："是个厨子。那咎他不跟着个尤聪么？敢仔是尤聪着雷劈了，别寻了这吕祥儿，一年是三两银子的工食雇的……"（《醒世姻缘传》八四回，756）

例（74）和例（75）都是"着"字被动句的用例。我们知道现代汉语方言中的"着"字被动句多集中在南方方言中，北方方言中很少使用，据李蓝（2006）的调查，胶辽官话（山东寿光、荣成、利津方言）和兰银官话（宁夏固原方言）中存在用例。《醒世姻缘传》中少量的"着"字被动句是否来源于它的使役用法，也就是说，明朝晚期"着"字被动句有没有可能获得一个新的来源，即来源于使役句？我们认为这种可能性是很小的。在《醒世姻缘传》中，"着"字使役句表达的都是"使令"义（即具体使役句），而这种语义是强使役义，N_1对N_2的控制度很高，N_2不可能重新分析为"施事者"，因此整个句式也不可能演变为被动句。

第四节　其他使役句式（让、遣、要、放、得）

一　"让"字式使役句

"让"字使役句在唐宋有少量用例，直到明清时期才大量出现。太田辰夫（1987：224）认为："'让'用作使役是由表示'谦让'、'劝诱'的意义的动词发展而来的。较早的例子是兼语句，但'让'仍是动词。"张美兰（2006）持类似的看法，也认为"'让'是从'谦让'等义转化为使役动词，表示'使让'、'允让'、'容让'"。冯春田（2000：639）则倾向于"'让'的使役用法可能是由它的'予让'、'让给'义转化而来的"的观点，并举了《朱子语类》中的例句加以说明，"又有一般人说此事难理会，只怃地做人自得，让与他们自理会"（《朱子语类》卷一百二十一，2938）。不过，冯文对此并没有深入探讨。刘文正、张小英（2014）认为："'让'在西汉首先成为表示'让与'的兼语动词，中古时发展成为表示'容让'的兼语动词，最后在唐代才成为表示'使役'的兼语动词和表示'纯致使'

的兼语动词，这是受动词'教'逆向类推的结果。"上述研究都对"让"具有"给予义"这一语义特征关注得不够。我们看下面两个例句。

(1) 万章曰："尧以天下与舜，有诸？"（《孟子·万章上》）
(2) 尧以天下让舜。（《吕氏春秋·行论》高诱注："让犹予也"）

例（1）、例（2）中的"与"和"让"可以互换，"让"很明显具有"给予义"。我们知道，《说文解字》载"让，相责让也"，《小尔雅》载"让，诘责以辞谓之让"，《广雅》载"让，责也"。古代汉语中的"让"除了有"责备义"之外，还有"谦让义"。后一义项可以归为给予类动词，并一直保留在现代汉语中，这些给予类动词的不同的词汇意义里都包含一个共同的语义要素——给予。江蓝生（2000：228）认为："给予义可以引申出容许、许可义，又由容许义引申为让、使义，从而用如一个使役动词。"在这个过程中，给予类动词后面的直接宾语由名词变为动词是句式重新分析的基础。

据我们调查，先秦时期，"让"后面不能接双宾语，但既可以接接受之人，也可以接让渡之物，如：

(3) 帝曰："俞，咨！禹，汝平水土，惟时懋哉！"禹拜稽首，让于稷、契暨皋陶。（《尚书·虞书·舜典》）
(4) 舜让天下于子州支伯。（《庄子·杂篇·让王》）
(5) 舜以天下让其友石户之农。（《庄子·杂篇·让王》）

例（3）中"让"后面的让渡之物（天下或帝位）缺省，用介词"于"引进接受之人。例（4）中"让"后面接让渡之物，用介词"于"引进接受之人。例（5）中"让"后面接接受之人，用"以"引进让渡之物。

两汉时期，"让"一方面继承先秦时期的用法，如：

(6) 遂将击戎，让其弟襄公。襄公为太子。（《史记·秦本纪》）
(7) 公子通封于蜀。燕君让其臣子之。（《史记·秦本纪》）

第四章　由动词的虚化形成的近代汉语分析型致使结构

（8）平曰："高祖时，勃功不如臣平。及诛诸吕，臣功亦不如勃。愿以右丞相让勃。"（《史记·陈丞相世家》）

例（6）至例（8）的"让"后面都不是双宾语，都是接受之人。

另一方面，这个时期（以及后面的魏晋南北朝）的"让"还可以接双宾语，如：

（9）王诸樊元年，诸樊已除丧，让位季札。（《史记·吴太伯世家》）
（10）孝文帝立，以为太尉勃亲以兵诛吕氏，功多；陈平欲让勃尊位，乃谢病。（《史记·陈丞相世家》）
（11）其家有机让比丘坐。即坐，小待复起。（《摩诃僧祇律》①卷9）
（12）其弟乃至不让兄食，而作是言。（《杂宝藏经》②卷2）

我们知道，在古代汉语中，给予类动词后接双宾语有两种语序：$V_{给}$ + OI + OD 和 $V_{给}$ + OD + OI。例（9）和例（10）中的"让位季札"和"让勃尊位"对应了这两种语序。不过"让位季札"这种语序在发展过程中逐渐衰落，"让位"也可以看成词汇化的词，而"让勃尊位"这种语序一直存在于现代汉语之中。在汉语的发展过程中，当"让勃尊位"中的直接宾语变成谓词时，"让"就可以重新分析为使役了，这和"与"字使役句的发展过程是一致的。在魏晋南北朝时期我们可以发现"让"有例（11）和例（12）的用法，如果把"坐"和"食"理解为动词的话（"坐"在这里也可以理解为"座位"，"食"在这里也可以理解为"食物"），句子就可以理解为使役句了。这是由于汉语没有形态变化，动词可以在不改变形式的情况下放置于名词的语法位置上，所以"坐"和"食"可以置于直接宾语的位置上，为重新分析提供了可能。

唐宋时期，出现了少量真正的"让"字使役句。这些"让"字使役句

---
① 《摩诃僧祇律》为东晋佛陀跋陀罗与法显共译，反映了这个时期的语言特点。
② 《杂宝藏经》是反映北魏时期语言实际情况的代表性作品。

中的动词,或者前面出现了副词,或者后面出现了宾语。副词或宾语的出现可以确定"让"后面所接的是谓词性结构,整个句子也就演变为使役句了。如:

(13) 首<u>让</u>诸军无敢近,功归部曲不争先。(唐·王建《寄贺田侍中东平功成》,《全唐诗》卷300-85)

(14) 陈人束阁,<u>让</u>他来者居上①。(宋·刘克庄《念奴娇·丙寅生日》,《全宋词》,1049)

(15) 且不如让渠如此说,且存取大意,得三纲、五常不至废坠足矣。(《朱子语类》卷一百四,2622)

(16) 徽宗道:"谨谢娘子,不弃卑末,知感无限!"那佳人<u>让</u>客先行。转曲曲回廊,深深院宇;红袖调筝于屋侧,青衣演舞于中庭。(《大宋宣和遗事·亨集》,74)

例(13)中出现了否定副词"无",例(14)后面带了宾语"上",例(15)出现了副词"如此",例(16)中出现了副词"先"。

不过这个时期的"让"字使役句的例句较少,《全唐诗》有5例,《敦煌变文》有2例,《全宋词》有6例,《朱子语类》有3例,《大宋宣和遗事》②有7例,都是具体使役句,没有出现抽象使役句的用例。需要指出的是,唐宋时期的"让"能够发展成使役标记的语义基础还是"让"的"给予义",在文献中,可以找到不少"让"和"与"连用的例子,如:

(17) 其父薨,伯夷当立为君,乃<u>让</u>位<u>与</u>弟叔齐。叔齐不受,复<u>让</u><u>与</u>异女兄伯(僚)。(《敦煌变文·孝子传》卷八,1223)

(18) 郑弘仁义,<u>与</u>车马衣物<u>让</u>弟,不自着衣,名流天下,举为郡(孝)。(《敦煌变文·搜神记》卷八,1197)

---

① 此典故出自《史记·汲郑列传》:"陛下用群臣,如积薪耳,后来者居上。"因此,"上"可以看作"居"的宾语,义为"高的职位"。

② 《大宋宣和遗事》,宋代无名氏作,元人或有增益,最终成书于元代。语料的时代可能跨越宋代和元代。

112

第四章 由动词的虚化形成的近代汉语分析型致使结构

(19) 这只缘宁王让与他位，所以如此。宁王见他有功，自度不可居储嗣，遂力让他。(《朱子语类》卷十三，240)

(20) 恶者，恶人之恶；辞者，辞己之物；让者，让与他人；是、非自是两样分明。(《朱子语类》卷五三，1278)

上面例句"让与"中的"与"是"让"这个给予类动词的给予义语义特征的析出，例如现代汉语中的"你让我去"，也可以说成"你让给我去"，"他卖我两本书了"也可以说成"他卖给我两本书了"。

元代以后，"让"虽仍有给予义的用法，但"让"字使役句用例逐渐增多，并发展为现代汉语中常用的使役句式。表4-12是"让"字使役句在明清部分文献中的使用情况。

表4-12 "让"字使役句在明清部分文献中的使用情况

单位：例

文献	句义				
	给予义（谦让）	使役义		被动义	总计
		具体	抽象		
《水浒传》	43	47	1	0	91
《西游记》	37	54	3	0	94
《金瓶梅词话》	23	67	5	0	95
《红楼梦》	29	57	4	0	90
《儒林外史》	4	77	7	25	113

具体用例如下：

(21) 只教他搬出去，将天宫让与我，便罢了。(《西游记》第七回，15)

(22) 听得路上客人传说："如今东京柴世宗让位与赵检点登基。"(《水浒传》"开篇引首"，2)

(23) 待吾往见杨仪，以利害说之，令彼将兵权让与将军，何如？(《三国演义》一〇四回，863)

(24) 孔明曰："都督此言，甚是公论。先让东吴去取；若不下，

113

主公取之,有何不可!"(《三国演义》五一回,417)

(25) 宋江让他两个公人上首坐定,宋江下首坐了。(《水浒传》三六回,467)

(26) 郑爱香儿就让西门庆进入郑爱月儿的房外明间内坐下。(《金瓶梅词话》五九回,725)

(27) 难道没见过别人戴过的?让我自己戴罢。(《红楼梦》第八回,117)

(28) 老和尚听见,慌忙来看,他还在那里急的嚷成一片。老和尚劝他不要恼,替小和尚按着纸,让他写完了。(《儒林外史》五五回,367)

(29) 贾母听说道:"好,好,好!让他们姊妹们一处顽顽罢。才他老子拘了他这半天,让他开心一会子罢。"(《红楼梦》一八回,217)

(30) 吩咐你们媳妇子把群屋打扫两间,替他把东西搬过去腾出正屋来,好让二相公歇宿。(《儒林外史》第六回,39)

例(21)至例(23)是"让"的给予义(谦让)的用法,例(24)至例(28)是"让"字具体使役句,例(29)、例(30)是"让"字抽象使役句。其中抽象使役句的用例较少。

从致使结构的语义特点来看,明清时期"让"字使役句的"致事"和"所使"绝大部分都是有生名词,下面以《金瓶梅词话》为例来分析。表4-13是《金瓶梅词话》中"让"字使役句语义特点统计。

表4-13 《金瓶梅词话》中"让"字使役句语义特点统计

单位:例

语义要素		数量	占比
具体使役		54	94.7%
抽象使役		3	5.3%
致事	有生	43	75.4%
	无生	0	0
	事件	0	0
	缺省	14	24.6%

第四章　由动词的虚化形成的近代汉语分析型致使结构

续表

语义要素		数量	占比
所使	有生	50	87.7%
	无生	0	0
	缺省	7	12.3%
总数		57	

从表4-13中可以看出，这个时期的"让"字使役句的"致事"和"所使"大部分都是有生名词，这也是"让"字使役句以具体使役句为主的原因。

不过，这个时期很少有像现代汉语中"他的无理取闹让秩序更加混乱"这样的句子。这主要是因为"让"虚化程度不是很高，还具有比较明显的"推让义"和"给予义"，如：

（31）到得大寨聚义厅下，王伦再三谦让晁盖一行人上阶。（《水浒传》一九回，235）

（32）晁盖再三谦让林冲上坐，林冲那里肯。（《水浒传》一九回，235）

（33）多感林教头贤弟推让我为尊，不想连得了两场喜事。（《水浒传》一九回，235）

（34）秦重将轿子让与父亲乘坐，自己步行，直到家中。（《醒世恒言·卖油郎独占花魁》第一卷，286）

（35）今日吴兄却让此第一位与林冲坐，岂不惹天下英雄耻笑！（《水浒传》一九回，235）

（36）把房子让给远房几家族人来住。（《儿女英雄传》第一回，19）

例（31）至例（36）中的"让"都还具有较为明显的"给予义"，有时候后面还跟着"与"和"给"，见例（34）、例（35）、例（36）。

关于"让"字被动句，太田辰夫（1987：224）认为"让"在清代还没有被动的用例。据屈哨兵（2008）调查，直到20世纪初叶，"让"字被动句才开始有较大规模的使用。这个观察是准确的。下面两个例句看起来像被动句，实际上还是使役句。

115

（37）两个斗到五十合，孙立卖个破绽，<u>让</u>石秀一枪搠入来，虚闪一个过。(《水浒传》五〇回，664)

（38）因他父亲一心想作神仙，把官倒<u>让</u>他袭了。(《红楼梦》第二回，21)

例（37）是孙立故意通过一个破绽，使得石秀一枪搠入，孙立是主动者，"让"在这里不好理解为"被"。例（38）实际上是"因他父亲一心想作神仙，倒<u>让</u>他袭了官"，只不过句子通过"把"将"官"提前了，"让"也不应该理解为"被"。

二 "遣"字式使役句

学界对"遣"字式使役句的研究不多。杨伯峻、何乐士（2001：592）在介绍使令类兼语式的时候，提到了"'遣'常表派遣意，但也表致使意"，并举了唐代的例句"春风知别苦，不<u>遣</u>柳条青"（唐·李白《劳劳亭》，《全唐诗》卷184-6）。冯春田（2000：642）认为"遣"的使役用法来源于"派遣"或"差遣"义，并分为具体使役（使令义）和抽象使役（致使义）两类。我们知道，"遣"有使役用法，而一般没有被动用法。不过，有时候"遣"也可以理解为"被"，如：

（1）酒肉独自抽，糟糠<u>遣</u>他吃。(《王梵志诗·思量小家妇》卷三，219)

（2）僚友同一心，清光<u>遣</u>谁取。(唐·王昌龄《诸官游招隐寺》，《全唐诗》卷141-8)

（3）袖中多丽句，未<u>遣</u>世人闻。(唐·李嘉祐《送夏侯审参军游江东》，《全唐诗》卷206-61)

（4）殷勤讳名姓，莫<u>遣</u>樵客闻。(唐·鲍溶《经隐叟》，《全唐诗》卷485-43)

（5）樟<u>遣</u>秃头奴子拨，茶<u>教</u>纤手侍儿煎。(唐·白居易《池上逐凉二首》，《全唐诗》卷456-28)

（6）感得天（大）罗宫帝释，差一神人，送此符本一卷与净能，令

第四章　由动词的虚化形成的近代汉语分析型致使结构

净能志心熟而学,勿遣人知也。(《敦煌变文·叶净能诗》卷二,337)

(7) 辞佛故来降外道,次第总遣大风吹。(《敦煌变文·降魔变文》卷四,557)

(8) 无价荆山美玉,未遣卞和知。(《刘知远诸宫调》第一卷,340)

例(1)至例(8)中的"遣"也可以理解为"被"。这是因为使役和被动在语义上的界限并不总是那么分明,当"致事"缺失或为生命度较低的事物时,句子就有可能重新分析为被动句。不过,由于这样的例句不多,而且句式受限,后面的动词只限于"吃、取、闻、知"等,我们还是把这些句子看作使役句。

从词义来看,《辞源》将"遣"的语义分为五个义项:派遣,放逐,排遣、使、令,遣车(送葬时载尸体用的车)。我们赞成冯春田"'遣'的使役用法来源于'派遣'义"的看法。①"遣"用作"派遣"义的兼语结构在先秦就已经出现了,其在《史记》中已经很常见了,如:

(9) 宗人遣举奠及长兄弟盥,立于西阶下,东面北上。(《仪礼·特牲馈食礼》)

(10) 力足荡游不作,老者谯之,当壮者遣之边戍。(《管子·揆度》)

(11) 始皇闻之,遣御史逐问,莫服,尽取石旁居人诛之,因燔销其石。(《史记·秦始皇本纪》)

(12) 秦乃遣客卿通将兵救楚,三国引兵去。(《史记·楚世家》)

(13) 宛贵人皆以为然,共杀其王毋寡,持其头遣贵人使贰师……(《史记·大宛列传》)

例(9)、例(10)是先秦时期的用例,例(11)至例(13)是汉代的

---

① 在唐代文献中,尤其是唐诗中,"遣"字很常用的一个义项是"排遣"。下面例句中的"遣"在没有上下文语境的情况下是有歧义的,"遣"既可以理解为"使、让"(遣+N+VP),也可以理解为"排遣"[遣+NP(定中结构)]。不过,我们不能据此认为"遣"的使役用法来源于"遣"的"排遣"义。(1) 今病青衫司马愁,惆怅又闻题处处。(唐·白居易《微之到通州日授馆未安见尘壁间有数行字……因酬长句》,《全唐诗》卷438-47)(2) 羁望伤千里,长歌遣客愁。(唐·韦承庆《凌朝浮江旅思》,《全唐诗》卷39-19)(3) 汝今再三,弃吾游学,努力勤心,早须归舍,莫遣吾忧。(《敦煌变文·秋胡变文》卷二,232)

用例。

"遣"字抽象使役句的用例在唐代以前罕见,如:

(14) 而耳并料听,左右操弦者,教遣长短,无毫厘差过也。(《抱朴子·内篇·遐览》)

例(14)中的"遣"和"教"并用,"所使"为"长短","致使结果"为"无毫厘差过",可以认为例(14)是抽象使役句。

唐代以后,"遣"字使役句的用例比较普遍,在唐诗和《敦煌变文》中用例较多,用法多样化,且出现了很多和其他使役动词(如"教""令""使"等)连用或对举的情况。表4-14是唐代"遣"字使役句的使用情况和语义特点。

表4-14 唐代"遣"字使役句的使用情况和语义特点

单位:例

语义要素		文献			
		《全唐诗》		《敦煌变文》	
具体使役		89	76.7%	41	83.7%
抽象使役		27	23.3%	8	16.3%
致事	有生	78	67.2%	5	10.2%
	无生	5	4.3%	2	4.1%
	事件	7	6%	6	12.2%
	缺省	26	22.5%	36	73.5%
所使	有生	63	54.3%	27	55.1%
	无生	17	14.7%	7	14.3%
	缺省	36	31%	15	30.6%
总数		116		49	

从表4-14中可以发现唐代"遣"字使役句有如下特点。

其一,唐代"遣"字使役句以出现在诗文中为主。《全唐诗》中最多,有116例,《敦煌变文》中的49例也以对仗的诗文居多,而在《祖堂集》和《入唐求法巡礼行记》中用例罕见。可能是诗文中的"遣"字使役句的

第四章 由动词的虚化形成的近代汉语分析型致使结构

"致事"和"所使"在拟人修辞手法的作用下更容易从有生向无生扩展,使得用法丰富和普遍。如:

(15) 何事阴阳工,不遣雨雪来。(唐·岑参《使交河郡……献封大夫》,《全唐诗》卷198-81)

(16) 莫遣桃花迷客路,千山万水访君难。(唐·戎昱《送吉州阎使君入道二首》,《全唐诗》卷270-28)

(17) 莫遣只轮归海窟,仍留一箭射天山。(唐·李益《塞下曲》,《全唐诗》卷283-113)

(18) 令瓦砾以生光,遣枯林之花秀。(《敦煌变文·维摩诘经讲经文》卷五,857)

例(15)至例(18)中"遣"字使役句都是抽象使役句,它们的"致事"都缺失了,而且难以通过上下文补出来。

其二,"遣"常常和其他使役动词连用和对举出现,这在《敦煌变文》中表现得尤其明显。连用是一种词语羡余现象,在近代汉语中很常见。对举的出现应该和诗文这一特殊文体有关。如:

(19) 世尊遣教为使,往问维摩,彼上之人,难为酬对。(《敦煌变文·维摩诘经讲经文》卷五,863)

(20) 向今成长深宫内,发遣令交使向前。(《敦煌变文·丑女缘起》卷六,1102)

(21) 使人天之敬汝,遣四众之羡君。(《敦煌变文·维摩诘经讲经文》卷五,857)

(22) 不交意地迷三□(惑),岂遣心田染六尘。(《敦煌变文·妙法莲华经讲经文》卷五,737)

(23) 未放草蒙茸,已遣花萧索。(唐·李建勋《春阴》,《全唐诗》卷739-18)

例(19)的"遣"和"教"连用,例(20)的"发"、"遣"、"令"、

119

"交"和"使"连用,例(21)的"使"和"遣"对举,例(22)的"交"和"遣"对举,例(23)的"放"和"遣"对举。

其三,"遣"字使役句以具体使役句居多,抽象使役句较少。下面是唐诗和《敦煌变文》中的一些用例。

(24)妇人上城乱招手,夫婿不闻遥哭声。长恨鸡鸣别时苦,不遣鸡栖近窗户。(唐·李廓《杂歌谣辞·鸡鸣曲》,《全唐诗》卷29-6)

(25)遣郎铺簟席,相并拜亲情。(唐·王建《新嫁娘词三首》,《全唐诗》卷301-22)

(26)吴王即遣子胥解梦。(《敦煌变文·伍子胥变文》卷一,24)

(27)莫遣儿童触琼粉,留待幽人回日看。(唐·韦应物《将往滁城恋新竹,简崔都水示端》,《全唐诗》卷187-57)

(28)羁客春来心欲碎,东风莫遣柳条青。(唐·戎昱《湖南春日二首》,《全唐诗》卷270-51)

(29)王程傥未复,莫遣鲤书稀。(唐·独孤及《送何员外使湖南》,《全唐诗》卷247-22)

(30)春风已遣归心促,纵复芳菲不可留。(唐·刘长卿《留辞》,《全唐诗》卷151-96)

(31)各自念佛归舍去,来迟莫遣阿婆嗔。(《敦煌变文·太子成道经》卷五,434)

例(24)至例(27)是具体使役句,例(28)至例(31)是抽象使役句。

其四,"遣"字使役句"致事"和"所使"的缺省情况较多。"致事"缺省的情况主要有两种:一是承前文省略,二是很难补出。"所使"缺省的情况主要有三种:一是承前文省略,二是"所使"提前,三是难以补出。如:

(32)总令诫断于贪嗔,悉遣修持于智惠。(《敦煌变文·父母恩重讲经文》卷五,999)

第四章　由动词的虚化形成的近代汉语分析型致使结构

（33）然须消放逸，莫遣乱心怀。(《敦煌变文·维摩诘经讲经文》卷五，872)

（34）年才长大，稍会东西，不然遣学经营，或即令习文笔。(《敦煌变文·维摩诘经讲经文》卷五，854)

（35）令知幼（幻）质之非坚，遣语□（荣）花之不久。(《敦煌变文·维摩诘经讲经文》卷五，817)

（36）急管更须吹，金杯莫遣迟。(唐·岑参《与鲜于庶子泛汉江》，《全唐诗》卷200-27)

（37）绮罗共占韶年，不遣通宵尽醉。(唐·权德舆《杂言和常州李员外副使春日戏题十首》，《全唐诗》卷328-4)

（38）处分令入毗耶，敕命遣看居士。(《敦煌变文·维摩诘经讲经文》卷五，832)

例（32）的"致事"承前文省略。例（33）的"致事"难以补出。例（34）、例（35）的"所使"承前文省略。例（36）的"所使"提前，例（37）、例（38）的"致事"难以补出。

其五，"遣"字使役句的"致事"在语义上可以分为"有生名词"、"无生名词"、"事件"和"缺省"等四种类型。如：

（39）今君独在征东府，莫遣功名属别人。(唐·张籍《寄宋景》，《全唐诗》卷386-92)

（40）吴国贤臣伍子胥，吴王令遣自死。(《敦煌变文·伍子胥变文》卷一，19)

（41）长林遍是相思树，争遣愁人独自行。(唐·徐凝《相思林》，《全唐诗》卷474-33)

（42）门徒尽被兹将，遣我不存生路。(《敦煌变文·降魔变文》卷四，552)

（43）伴恶人，为恶迹，饮酒樗蒲难劝激，常遣慈亲血泪垂，每令骨肉怀愁戚。(《敦煌变文·父母恩重讲经文》卷五，971)

（44）休教烦恼久缠萦，休把贪嗔起战争，休遣信根沈爱网，休令

迷性长愚情。(《敦煌变文·维摩诘经讲经文》卷五,903)

例(39)、例(40)的"致事"是有生名词"君"和"吴王",例(41)的是无生名词"长林",例(42)、例(43)的是事件,例(44)的缺省。

其六,"遣"字使役句的"所使"在语义上可以分为"有生名词"、"无生名词"和"缺省"三种类型。如:

(45) 不道诸公无表来,茫然庶事<u>遣</u>人猜。(唐·杜甫《承闻河北诸道节度入朝欢喜口号绝句》,《全唐诗》卷230-11)

(46) 早到家乡拜尊堂,莫<u>遣</u>慈亲倚门望。(《敦煌变文·父母恩重讲经文》卷五,969)

(47) 醉<u>教</u>莺送酒,闲<u>遣</u>鹤看船。(唐·白居易《忆洛中所居》,《全唐诗》卷448-4)

(48) 莫<u>遣</u>沉愁结成病,时时一唱濯缨歌。(唐·白居易《得微之到官后书备知通州之事怅然有感因成四章》,《全唐诗》卷438-48)

(49) 莫<u>遣</u>佳期过,看看蝴蝶飞。(唐·李端《送窦兵曹》,《全唐诗》卷285-126)

(50) 若<u>遣</u>随波流,不如风飘起。(唐·姚合《杏溪十首·架水藤》,《全唐诗》卷499-14)

(51) 总令诫断于贪嗔,悉<u>遣</u>修持于智惠。(《敦煌变文·维摩诘经讲经文》卷五,999)

例(45)、例(46)、例(47)的"所使"是有生名词"人""慈亲""鹤",例(48)、例(49)的"所使"是无生名词"沉愁""佳期",例(50)、例(51)的"所使"缺省。

唐代以后,"遣"字使役句逐渐少见①,在宋儒语录和宋人话本中未见

---

① 在《警世通言》中有两例"遣"字使役句。(1) 嫦娥素有攀花约,莫<u>遣</u>箫声出凤楼。(《警世通言·钝秀才一朝交泰》一七卷,172)(2) 穿窗深夜忽清风,曾<u>遣</u>离人情惨切。(《警世通言·崔衙内白鹞招妖》一九卷,183)不过,诗文可能具有仿古性,加上明代其他文献没有发现更多的用例,我们还是倾向于认为"遣"在明代没有使役用法。

用例，只在宋词中找到以下用例，用法和唐诗中的差不多，如：

（52）看名王宵猎，骑火一川明，笳鼓悲鸣，遣人惊。[宋·张孝祥《六州歌头》（长淮望断），《全宋词》，1686]

（53）忽闻江上弄哀筝，苦含情，遣谁听。（宋·苏轼《江城子·湖上与张先同赋，时闻弹筝》，《全宋词》，320）

（54）秋千外，芳草连天，谁遣风沙暗南浦。（宋·刘辰翁《兰陵王·丙子送春》，《全宋词》，3213）

（55）遣离人、对嘉景，触目伤怀，尽成感旧。[宋·柳永《笛家弄》（花发西园），《全宋词》，16]

（56）遣行客、当此念回程，伤漂泊。[宋·柳永《满江红》（暮雨初收），《全宋词》，41]

（57）莫遣旁人惊去，老夫静处闲看。[宋·辛弃疾《清平乐》（连云松竹），《全宋词》，1885]

（58）长恨晓风漂泊，且莫遣香肌，瘦减如削。[宋·朱淑真《月华清》（雪压庭春），《全宋词》，1408]

（59）妾愿身为梁上燕，朝朝暮暮长相见，莫遣恩迁情变。[宋·秦观《调笑令》（锦城春暖花欲飞），《全宋词》，465]

（60）念平生、相从江海，任飘蓬、不遣此心违。（宋·晁补之《八声甘州·扬州次韵和东坡钱塘作》，《全宋词》，553）

现代汉语中的"遣"只能用于具有使令义（具体使役）的兼语结构，而没有致使义（抽象使役）的用法。

三 "要"字式使役句

近代汉语中"要"字使役句的用例并不多见，在现代汉语中其也是以极低的频率出现。据牛顺心（2014：68）调查，现代汉语中"要"用作使役动词只出现了7例，如：

（1）我成心要您快活快活，散散心。（老舍《鼓书艺人》）

（2）我倒不是要他难堪，向他表示我的怨恨。(王朔《玩的就是心跳》)

（3）我想要你知道，平时都好说，但我不想看到你在这种关键时刻显得落后。(王朔《我是你爸爸》)

不过，我们认为例（1）至例（3）中的"要"既可以理解为"让"，也可以理解为"希望"，因此"要"还具有很强的动词义，使役性不太明显。

冯春田（2000：641）认为，"'要'的使役用法可能是由它的'讨要（东西）'这个意义转化来的，由'要 N（即 O，多为指物宾语）'在结构上变为'要 N（指人兼语）VP'，'要'便转化为使役动词"。牛顺心（2014：59）则认为"要"的使役用法来自于它的"想、希望"这一义项。我们知道，"要"的这两个义项在读音上有区别，念平声（於霄切）是"求要、求取"义，念去声（於笑切）是"需要、想要"义。如：

（4）非所以要誉于乡党朋友也。(《孟子·公孙丑上》)

（5）天下未宁，要须良臣镇边境。如其无事，乃还鸣玉，未为后也。(《三国志·魏书·蒋济传》)

（6）扫云物以贞观，要万涂而来归。(西晋·陆机《吊魏武帝文》)

例（4）中的"要"是"求要、求取"义，在古代念平声（於霄切）。例（5）和例（6）是"需要、想要"义，在古代念去声（於笑切）。我们认为，"要"的使役用法就是来自它的"需要、想要"这一义项。具体的演变过程是：①要+N→②要+V→③要+N+V。如：

（7）力竞成俗，苟得无耻，或输自售之宝，要人之书，或父兄贵显，望门而辟命；或低头屈膝，积习而见收。(《抱朴子·外篇·审举》)

（8）人生要死，何为苦心？(《汉书·广陵厉王胥传》)

（9）孙兴公作《天台赋》成，以示范荣期云："卿试掷地，要作金石声。"(《世说新语·文学》)

（10）乃故诣王，肆言极骂，要王答己，欲以分谤。王不为动色，

徐曰:"白眼儿遂作。"(《世说新语·雅量》)

上面例句中,例(7)是第①阶段,例(8)和例(9)是第②阶段,例(10)是第③阶段。

在这里,我们发现"要"和"与"的语义正好相反,但是都发展出了使役用法,而且过程很相似。当"要"和"与"后面的N具有一定自主性(在这里可以理解为"当事")时,"与"和"要"都可以理解为"使让义",如:

(11) 净能曰:"必被岳神取也。"欲与张令妻再活。(《敦煌变文·叶净能诗》卷二,333)

(12) 须是招魂来复这魄,要他相合,复不独是要他活。(《朱子语类》卷三,34)

例(11)中"张令妻"和例(12)中"他"的生命度都比较高,自主性较强,所以两个句子都可以理解为"使让义"。我们知道,动作动词发展成使役动词会伴随实词义的丢失,"与"和"要"虽然词义正好相反,(+给予)和(-给予),但是当动作义虚化之后,由于出现的语法环境相同,二者最后都虚化为使役标记。这和表"遭受义"的"被、吃、蒙"与表"给予义"的"与、给"都发展成被动标记的原理是一样的,即语义相反的两类词发展成同一类语法标记。

近代汉语中的"要"字使役句,在唐宋时期用例相对较多,元明清时期用例较少。表4-15是近代汉语部分文献中"要"字使役句的使用情况。

表4-15　近代汉语部分文献中"要"字使役句的使用情况

单位:例

动词		文献					
		《入唐求法巡礼行记》	《朱子语类》	《全宋词》	《新校元刊杂剧三十种》	《金瓶梅词话》	《红楼梦》
要	具体使役	1	42	37	7	3	1
	抽象使役	0	5	5	1	0	0

具体用例如下：

（13）今年只请道士，不请僧也。看其体色，从今已后，不要僧人入内。道士奏云……（《入唐求法巡礼行记》卷四，150）

（14）要人自看得分晓，也有说苍苍者，也有说主宰者，也有单训理时。（《朱子语类》卷一，8）

（15）诸先生皆令人去认仁，必要人体认得这仁是甚物事。（《朱子语类》卷六，110）

（16）譬如有饭不将来自吃，只管铺摊在门前，要人知得我家里有饭。（《朱子语类》卷八，146）

（17）阶前僧行，一谜地向前哀告。擎拳合掌，要奴献与贼盗。（《西厢记诸宫调》卷二，288）

（18）闲时故把忠臣慢，差时不听忠臣谏，危时却要忠臣干。（《新校元刊杂剧三十种·楚昭公疏者下船》第一折，57）

（19）既然他不肯断酒呵！不要他城市中住，教他村里庄儿上去住，须没有酒吃。（《新校元刊杂剧三十种·好酒赵元遇上皇》第一折，50）

（20）今日下昼，陈先生在我饮虹台上搬戏饮酒，为你这样细事，要我戏文也不看得。（《西游补》一一回，154）

（21）如今坐名儿只要我往东京回话去。爹，你老人家不可怜见救救儿，却怎么样儿的？（《金瓶梅词话》五一回，367）

例（15）和例（19）中的"要"和"令""教"对举出现，表明"要"的使役用法已经得到说话人的心理认同。

近代汉语中的"要"字使役句以具体使役为主，抽象使役的用例很少。有时候，"要"还具有很明显的实词义，如：

（22）字字苦参商，故要檀郎读。（宋·陈亚《生查子·药名闺情》，《全宋词》，8）

第四章　由动词的虚化形成的近代汉语分析型致使结构

(23) 于是贾母定要贾琏送他去,仍叫带回来。(《红楼梦》一二回,161)

(24) 既要他这里来,又煾着火几堆。(《聊斋俚曲集·快曲》第一联,587)

例(22)至例(24)中的"要"还具有比较明显的实词义,可以理解为"要求"或"希望"。

此外,"要"字使役句的"致事"绝大部分是人物名词,"事件或小句"充当"致事"的情况极少。"所使"都是人物名词,没有出现非生命名词的情况,这说明"要"用作使役动词的虚化程度还不是很高。

四　"放"字式使役句

近代汉语中,"放"也存在使役用法。张相(1953:105)最先注意到了"放"的使役用法,并举了一些例句。冯春田(2000:643)认为:"'放'的使役用法是由它的'遣放'、'发遣'义转化而来的。"张美兰(2006)则认为,"'放'作为使令,同'给予指令'的意义有关,给予指令即放任、同意、听从;不给指令即不放任、不同意。从'使令'到'允让'再到'听任'这是一个非常清晰的语义的弱化过程"。"放"在现代汉语中已经没有使役用法,但是在一定的语境下还具有使令意义。吴竞存、梁伯枢(1992:234)从"句式赋义"的角度认为现代汉语中的"放"在句式"V_1+N+V_2"中含有使令义。如果这种临时用法的频率增多的话,就有可能形成一个新的使役动词。我们认为,近代汉语中"放"的使役用法的语义基础是"放"的"解脱约束,得到自由"[①]义,句式基础是使令兼语结构"放+N+V_2"。如:

(1) 傕等放兵略长安老少,杀之悉尽,死者狼籍。(《三国志·魏

[①] "连金发指出'放'的使动用法是表示从束缚的状态进入解放的状态的延伸,即从使客体在具体的空间里位移到使客体产生状态的改变。在今台湾闽南语中仍用。"(转引自张美兰,2006)

书·董二袁刘传》）

（2）吏令还，故归取以与吏。吏得钏，便放令还。（《搜神后记》卷四）

（3）愿母放我等出家作沙门。（《妙法莲华经语译妙庄严王本事品》）①

（4）时佞幸阉寺，犹行暴虐，民间鸡猪，悉放鹰犬搏噬取之。（《北齐书·清河王岳子劢传》）

（5）后七日命终（终），放我归家，令辞公母。（《敦煌变文·大目干连冥间救母变文》卷六，1024）

（6）但与我织绢三百匹，放汝夫妻归还。（《敦煌变文·搜神记》卷八，1198）

（7）于时大王使人唤来，却欲放信还家，侍养老母。（《敦煌变文·搜神记》卷八，1194）

上面例句中的"放"还不是使役动词，但置于句式"放+N+V₂"中，整个句式具有"使令义"，"放"用作使役动词正是源于这种用法的进一步虚化。"放+N+V₂"句式在表达使令意义上和"让+N+V₂"句式相似，表示"允许某人做某事"，而"遣+N+V₂"则表示"派遣某人做某事"。

"放"字使役句在唐五代已有少量用例，如：

（8）问其事（理）已了，却便充为养男，不放人知。（《敦煌变文·前汉刘家太子传》卷二，243）

（9）此人村坊下辈，不识大官，不要打捧（棒），便令放去。（《敦煌变文·维摩诘经讲经文》卷五，903）

（10）于是相公与夫人令善庆西院内香汤沐浴，重换衣装，放善庆且归房中歇息，待来日侵晨，别有处分。（《敦煌变文·惠远外传》卷七，1197）

（11）六祖说偈已了，放众生散，门人出外思惟，即知大师不久住

---

① 《妙法莲华经语译妙庄严王本事品》为后秦鸠摩罗什译。

128

第四章 由动词的虚化形成的近代汉语分析型致使结构

世。(《六祖坛经》,73)

(12) 陛下若到长安,须修功德,发走马使,令放天下大赦。(《敦煌变文·太宗入冥记》卷二,319)

(13) 老雨不肯休,东风势还作。未放草蒙茸,已遣花萧索。(唐·李建勋《春阴》,《全唐诗》卷739-18)

(14) 谁把金刀为删掠,放教明月入窗来。(五代·成彦雄《柳枝辞九首》)

例(12)和例(14)中"放"和"令""教"连用,例(13)中"放"和"遣"对举,可以肯定其是致使词了。例(13)和例(14)中的"致事"和"所使"都扩展到了无生命名词,是句式进一步虚化的表现。

"放"字使役句在宋代用例较多,在《全宋词》中有33例,《朱子语类》(1—62卷)有21例。宋词中"放"字使役句的"致事"以非生名词或事件为主,如:

(15) 开帘放教飘洒,度华筵飞入金樽。(宋·周敦儒《声声慢·雪》,《全宋词》,839)

(16) 前时小饮春庭院。悔放笙歌散。[宋·柳永《御街行》(前时小饮春庭院),《全宋词》,22]

(17) 渐遏遥天,不放行云散。[宋·柳永《凤栖梧》(帘下清歌帘外宴),《全宋词》,24]

(18) 鹦鹉杯深艳歌迟,更莫放人肠断。[宋·晏几道《留春令》(海棠风横),《全宋词》,253]

(19) 黄菊枝头生晓寒,人生莫放酒杯干。(宋·黄庭坚《鹧鸪天·座中有眉山隐客史应之和前韵即席答之》,《全宋词》,397)

(20) 不放玉花飞堕地,留在广寒宫阙。[宋·朱淑真《念奴娇》(冬晴无雪),《全宋词》,1407]

(21) 问东君,既解遣花开,不合放花飞。[宋·程垓《八声甘州》(问东君),《全宋词》,1991]

129

上面例句中的"所使"绝大部分是非生名词,如"笙歌""行云""人肠""玉花"等。

《朱子语类》中的"放"绝大多数都与其他使役动词连用,如"放令""放教""令放教",格式有所固化,如:

(22) 汉人之策,令两旁不立城邑,不置民居,存留些地步与他,不与他争,放教他宽,教他水散漫。(《朱子语类》卷二,22)

(23) 到工夫要断绝处,又更增工夫,着力不放令倒,方是向进处。(《朱子语类》卷八,146)

(24) 也不必要似禅和子样去坐禅方为静坐。但只令放教意思好,便了。(《朱子语类》卷一二,204)

(25) 放教脚下实。(《朱子语类》卷一三,225)

(26) 未能至此,且据跟前占取义一边,放令分数多,占得过。(《朱子语类》卷一三,224)

(27) 惟君子为能"通天下之志",放令规模宽阔,使人人各得尽其情,多少快活!(《朱子语类》卷一三,228)

(28) 但此意随发,常有一念在内阻隔住,不放教表里如一,便是自欺。(《朱子语类》卷一六,334)

元明时期,偶见"放"字使役句,如:

(29) 船,休放转;杯,休放浅。(元·薛昂夫《山坡羊·西湖杂咏》)(转引自牛顺心,2014:112)

(30) 谁使银蟾吞暮霞,放教玉兔步晴空。(元·朱庭玉《点绛唇·混江龙》)(转引自牛顺心,2014:112)

(31) 从今后罢刀兵,四海澄清,且放闲人看太平。(《新校元刊杂剧三十种·泰华山陈抟高卧》第一折,75)

(32) 吴月娘使小厮一连拿马接了数次,李家把西门庆衣帽都藏过一边,不放他起身。(《金瓶梅词话》一二回,120)

(33) 行者噙泪叩头道:"纵是弟子不善,也当将功折罪,不该这

第四章　由动词的虚化形成的近代汉语分析型致使结构

般逐我。万望菩萨，舍大慈悲，将松箍儿咒念念，褪下金箍，交还与你，放我仍往水帘洞逃生去罢！"(《西游记》五七回，701)

(34) 你们都和他有首尾，却放他自在。(《水浒传》五一回，675)

例(32)、例(33)中的"放"虽然可以理解为"使"，但是实词义较为明显。

表4-16是近代汉语部分文献中"放"字使役句的使用情况，这些文献中的"放"字使役句绝大多数是抽象使役句。

表4-16　近代汉语部分文献中"放"字使役句的使用情况

单位：例

动词	文献				
	《敦煌变文》	《全宋词》	《朱子语类》(1—62卷)	《新校元刊杂剧三十种》	《金瓶梅词话》
放	5	33	21	8	5

五　"得"字式使役句

近代汉语中"得"作为致使词出现的频率不高，多出现于韵文中，经常和其他致使词连用或对举。"得"的使役用法来源于其"获得"义，这和给予义动词发展成使役标记的过程是一样的。"获得"和"给予"动词都能充当"$N_1 + V_1 + N_2 + V_2$"句式中的V_1。事实上，"得"在语义上也可以表述为(-给予)。具体用例如下：

(1) 非求宫律高，不务文字奇，惟歌生民病，愿得天子知。(唐·白居易《寄唐生》，《全唐诗》卷424-31)

(2) 自得阴阳顺，能令惠泽通。(唐·蒋防《八风从律》，《全唐诗》卷507-8)("得"和"令"对举)(转引自牛顺心，2014：121)

(3) 呼吸毒气，鼓击狂风，得海底之沙飞，使天边之雾卷。(《敦煌变文·维摩诘经讲经文》卷五，884)("得"和"使"对举)

(4) 悉达太子之时，广开大藏，布施一切饥饿贫乏之人，令得饱

满。(《敦煌变文·八相变》卷四,468)("得"和"令"连用)

(5) 奉佛永交增福利,献僧长得灭灾殃。(《敦煌变文·破魔变文》卷四,534)("得"和"交"对举)

(6) 皇宫行有诸伎女,(争)得交人别猜疑。(《敦煌变文·太子成道变文》卷四,434)("得"和"交"连用)

(7) 则为五教不明生仇恨,致令得四时失序降民灾。(《新校元刊杂剧三十种·晋文公火烧介子推》第一折,178)("得"、"致"和"令"连用)

例(1)至例(7)都是抽象使役句。

第五节 汉语致使词的产生机制

汉语致使词在古代汉语时期主要有"使、令",在近代汉语时期新产生了"教(叫)、让、与、给、遣、放、着、等、要、得"等,这些致使词有的保留在现代汉语普通话中,有的保留在现代汉语方言中。下面是近代汉语部分致使词的用例:

(1) 净能曰:"必被岳神取也。"欲与张令妻再活。(《敦煌变文·叶净能诗》卷二,333)

(2) 王程傥未复,莫遣鲤书稀。(唐·独孤及《送何员外使湖南》,《全唐诗》卷247-22)

(3) 老雨不肯休,东风势还作。未放草蒙茸,已遣花萧索。(唐·李建勋《春阴》,《全唐诗》卷739-18)

(4) 要人自看得分晓,也有说苍苍者,也有说主宰者,也有单训理时。(《朱子语类》卷一,7)

(5) 黑阁落甜话儿将人和,请将来着人不快活。(《西厢记》第二本第三折,100)

(6) 西门庆道:"你们不济,等我奉劝二娘。二娘好小量儿。"(《金瓶梅词话》一四回,149)

第四章　由动词的虚化形成的近代汉语分析型致使结构

从来源上看，汉语致使词主要有如下四类。

其一，来源于派遣义动词的进一步虚化，古代汉语时期有"使"和"令"，近代汉语时期有"教（叫）"、"遣"和"着"，见例（2）和例（5）。在汉语历史发展中，派遣义动词多次发展为致使词，这和它们能顺利地进入使令兼语结构中有密切的关系。

其二，来源于容让类动词，如"放"、"让"和"等"，见例（3）和例（6）。容让类动词对后面的宾语具有让渡性，容易演变为容让型使役句。

其三，来源于给予义动词，如"与"和"给"，见例（1）。给予义动词后面能接双宾语，其对间接宾语具有让渡性，这和容让类动词有相似之处。

其四，来源于主观意欲义动词，如"要"，见例（4）。

关于汉语致使词的产生机制，我们可以从以下几个方面来观察。

一　句法基础

汉语使役句的句法结构是"主语+使役动词+兼语+VP"（$N_1+V_1+N_2+VP$），在汉语历史发展中，动词处在 V_1 的位置上是其进一步虚化为致使词的前提。不过汉语各类致使词进入"$N_1+V_1+N_2+VP$"格式中的演变路径并不完全相同。如前所述，派遣义动词具有明确的方向性，能够促使 N_2 去完成某件事或达到某种状态，且多出现在 V_1 的位置上，所以在历史上多次发展为致使词。容让类动词一般经历了这样的演化：①$N_1+V_{容让义}+N_2$→②$N_1+V_{致使词}+N_2+VP$→③$N_1+V_{被动义}+N_2+VP$。我们知道，容让义动词后面一般都可以直接接宾语（如我等他），其中在第②阶段容让义动词可以重新分析为致使词（参见汪化云，2017）。给予义动词则经历了这样的演化：①$N_1+V_{给予义}+N_{间接宾语}+N_{直接宾语}$→②$N_1+V_{致使词}+N_2+VP$→③$N_1+V_{被动义}+N_2+VP$。给予义动词可以接双宾语（①阶段），由于汉语没有词形变化，$N_{直接宾语}$可以由动词来代替，如：给我一本书→给我看。在第②阶段，给予义动词可以重新分析为致使词，如"县司与差人递送照应县去"（《入唐求法巡礼行记》卷四，149），句中的"与"相当于"使"。综上所述，汉语动词必须在进入"$N_1+V_1+N_2+VP$"结构之后，才能经历重新分析的过程，最后发展成致使词。

二 重新分析

句法位置的改变是诱发汉语词汇语法化的一个因素，而重新分析是虚化的结果。汉语动词位于结构"$N_1 + V_1 + N_2 + VP$"中V_1的位置上容易虚化的原因在于句式语义焦点的转移，而重新分析只是对语义焦点转移的一种确认。我们知道，汉语使役句的语义焦点在后半部分，即"致使结果"的实现上。特别是在抽象使役句中，致使词几乎成了一个标记，如"这样的成绩令队员们很沮丧"，句中的语义重点在"队员们很沮丧"上，而"令"变成了使役标记。

从致使情景的角度来看，使役句中的"起因事件"（"$N_1 + V_1 + N_2$"）容易背景化，而"结果事件"（"$N_2 + VP$"）自然成为语义的焦点。如：

(7) 善言要使亲情喜，甘旨何须父母催。(《敦煌变文·故圆鉴大师二十四孝押座文》卷七，1159)

(8) 妾是伜茄之妇细辛，早仕于梁，就礼未及当归，使妾闲居独活。(《敦煌变文·伍子胥变文》卷一，7)

例(7)、例(8)表达致使义，其中例(8)的起因事件"妾是伜茄之妇细辛，早仕于梁，就礼未及当归"成为整个句子的背景信息。我们可以这样认为，句式"$N_1 + V_1 + N_2 + VP$"的语义焦点转移，导致了V_1进一步虚化，在重新分析的推动下，V_1最终演变为致使词。

三 语义要素的原型向非原型扩展

在汉语使役句的历时发展过程中，使役句各语义要素都经历了从原型特征向非原型特征扩展的过程，整个句式所表达的意义也从使令义向致使义、容让义扩展。在类推的作用下，"致事"和"所使"从生命度高的人或团体向生命度低的事物扩展，致使词从能够进行能量传递的实义动词向使役标记扩展，"致事结果"由N_2的具体动作向状态扩展（自主性向非自主性扩展）。

第四章　由动词的虚化形成的近代汉语分析型致使结构

汉语实义动词虚化成致使词，并进一步向有意或无意允让、被动发展的动力是句式"$N_1 + V_1 + N_2 + VP$"中各组成成分的语义制约。我们知道，致事和所使的生命度高低决定了致使力在结构"$N_1 + V_1 + N_2 + V_2$"中的传递。高生命度的致事能充当致使力的起点，并对后面的语义成分有控制力，而低生命度或无生命事物的致事对后面的语义成分控制力较弱，句式多表达致使义，如："不肯与，接丝鞭，使孩儿泪涟涟。"（《张协状元》）同样，高生命度的所使能够成为 V_2 的施事，而低生命度或无生命的所使只能成为 V_2 的当事，V_2 表现为非自主性，是对所使状态的描述。

使役句语义要素的原型向非原型扩展实际上是类推或泛化的结果，汉语致使词的产生、虚化和这种语义类推、泛化密切相关。

四　语用因素

近代汉语时期某些致使词的产生还和语用因素有关。

第一，韵文中的使用，表致使义的使役句在《敦煌变文》（说唱部分）和唐诗宋词中有很多。如：

（9）故人赠我我不违，<u>着</u>令山水含清晖。（唐·李白《酬殷明佐见赠五云裘歌》，《全唐诗》卷 167 - 12）

（10）何事阴阳工，不<u>遣</u>雨雪来。（唐·岑参《使交河郡》，《全唐诗》卷 198 - 81）

（11）令瓦砾以生光，<u>遣</u>枯林之花秀。（《敦煌变文·维摩诘经讲经文》卷五，857）

（12）使人天之敬汝，<u>遣</u>四众之美君。（《敦煌变文·维摩诘经讲经文》卷五，857）

（13）不交意地迷三□（惑），岂<u>遣</u>心田染六尘。（《敦煌变文·妙法莲华经讲经文》卷五，737）

（14）渐遏遥天，不<u>放</u>行云散。［宋·柳永《凤栖梧》（帘下清歌帘外宴），《全宋词》，24］

上面的例句最初都是一种临时的拟人用法，"清晖""阴阳工（指天地造化)""天"等都可以想象成能发出指令的实体,对后面的事态发展具有具体的作用力,而"行云"想象成能有一定自主性的实体。这种抽象使役句的用例在唐宋韵文中很常见,而且比例大大超过普通文献。

　　第二,动词的使用频率提高。近代汉语时期新产生的致使词,如"遣""着"等就是由于使用频率的提高而逐渐虚化的。

　　上述语用因素虽然具有临时性,但是对汉语致使词的形成有推动作用。

第五章
由句式虚化形成的近代汉语分析型致使结构
——致使义处置式

汉语处置式发展出致使义是处置句式进一步虚化的结果。在这个过程中，句子的"处置"义减弱，"致使"义增强。从分析型致使句的语义结构"$N_1 + V_1 + N_2 + V_2$"来看，N_1对N_2施加的力的作用在减弱，最终导致这类处置式和抽象使役句类似。

本章打算从以下三个方面来探讨作为近代汉语分析型致使结构的致使义处置式。

第一，致使义处置式的语法意义。

第二，从分析型致使句的语义结构（致事 + 致使能量 + 所使 + 致使结果）的角度来观察致使义处置式的特点、来源和发展。

第三，将致使义处置式置于致使结构的大环境下进行观察，并从"$N_1 + V_1 + N_2 + V_2$"结构赋义的角度比较致使义处置式和抽象使役句的异同。

第一节 致使义处置式的语法意义

致使义处置式与其他处置式的区别在于处置标记后的宾语在语义上是动词的当事或施事，而不是受事。这与使役式在句法和语义结构上很相似（都可以归纳为"$N_1 + V_1 + N_2$（当事或施事）$ + V_2$"），因此我们将这种处置式归为分析型致使结构的一种。从语义关系的角度来看，致使义处置式仍然具有"处置"的语法意义，这种"处置"意义体现在说话人的主观意愿上，即N_1是N_2所发生的状态变化（V_2）的诱导因素。汉语处置式发展出致使义，王力（1985：87）将其解释为"处置式的活用"。吴福祥（1996）

将"致使义处置式"界定为"介词'P'所引出的受动者,受主体的某种支配而产生某种结果(状态)或发生某种变化",并指出"致使义处置式中的谓语大都是非行为动词或形容词,所以语义上处置性不太显著,倒与使役动词构成的兼语式语义相近"。冯春田(2000)认为,"从意义上说,汉语的处置式从处置的给、作、到以至于表示其他的处置,又出现致使义处置式,是处置式发展演变的结果,是同一基本类型的处置句式本身的嬗变"。王红旗(2003)认为,"尽管有些例句中'把'的宾语的变化不是主体有意识地造成的,但在说话人看来,这些变化是在句子主语的控制之下发生的,句子主语对这些变化是负有责任的"。郭浩瑜(2010:107)从 N_1 对 N_2(或整个句子所表示的事件)控制度的角度解释了致使义处置式和广义处置式、狭义处置式、工具式等的差异。这是很有见地的。如:

(1)到如今女儿不见面,把老娘忧得喊皇天。你好好出外去寻转,有差错要你把命填。(《跻春台·利集·假先生》卷三,398)

(2)季春江出其不意,望着晁思才心坎上一头拾将去,把个晁思才拾了个仰百叉地下蹬歪。(《醒世姻缘传》二〇回,180)

例(1)和例(2)中的结果或状态性事件"忧得喊皇天"和"拾了个仰百叉地下蹬歪"都是在主语(表现为"事件")的"控制"下发生的。致使义处置式的"处置"意义减弱,整个句式逐渐演变为"致事+致使能量+所使+致使结果",在句式意义上和抽象使役句一致,这从致使义处置式在近代汉语的发展过程中可以看得很明显。下面是近代汉语中一些致使义处置式的用例。

(3)如斯数满长无倦,能把因缘更转精。(《敦煌变文·妙法莲华经讲经文》卷五,739)

(4)莫将此身险中行。(《祖堂集·岩头和尚》卷七,514)

(5)没事尚自生事,把人寻不是,更何况,今日将牛畜都尽失。(《刘知远诸宫调》第二卷,350)

(6)一声大叫如雷作,把村黑丑敛变却。(《刘知远诸宫调》第三

第五章　由句式虚化形成的近代汉语分析型致使结构

(7) 把孩儿又剃了头，顶上灸。(《朴通事谚解》，303)

(8) 姐姐，你若这等，把你从前一场好都没了。(《金瓶梅词话》二〇回，219)

(9) 狄婆子见了孙兰姬如此娇媚，又如此活动，把那一肚皮家里怀来的恶意，如滚汤浇雪一般。(《醒世姻缘传》四〇回，360)

(10) 今日之上，把只煮熟的鸭子飞了。(《儿女英雄传》一五回，257)

(11) 如今却把这奠雁的古制化雅为俗。(《儿女英雄传》二七回，459)

例 (3) 至例 (11) 这种致使义处置式在近代汉语后期（明清时期）很常见，而且由于"处置"意义的进一步弱化，整个句式更加突出"结果事件"，而表达结果或状态的手段也呈现多样化的特点，其在意义上已经变得和抽象使役句差不多了。如：

(12a) 我把他牛马般吃一顿拷。(《新校元刊杂剧三十种·岳孔目借铁拐李还魂》第一折，162)

(12b) 我着你似生驴般吃顿拷。(《元曲选·吕洞宾度铁拐李岳》第一折，324)

(13a) 寻了两乘兜轿，夫妻两个坐了，把两个女儿背坐在轿后。(《型世言》第十回，92)

(13b) 不知是何道理，好端端叫个仆人坐在轿后。(《型世言》二六回，234)

(14a) 母："才是他把我儿毒丧黄泉。"(《跻春台·利集·双冤报》卷三，402)

(14b) 谁知他让我父命丧他乡，不知何处收骸骨。(《跻春台·利集·解父冤》卷三，421)

上面三组例句中的"把"能和"着""叫""让"互用，整个句子表达

139

致使义更加明显。

综上所述，我们认为致使义处置式的语法意义可以从两个角度来分析：一是致使义处置式是处置式虚化的结果，但仍然具有意念上的处置义；二是从分析型致使句的语义结构"$N_1 + V_1 + N_2 + V_2$"来看，致使义处置式很明显是表达致使义，在表义上和一般的抽象使役句没有多少区别。

第二节 致使义处置式的来源和发展

学界对汉语致使义处置式的认识在不断加深，但是还没有将致使义处置式完整地置于"$N_1 + V_1 + N_2 + V_2$"句式当中进行考察，没有从语义结构（致事＋致使能量＋所使＋致使结果）的角度详细考察 N_1、N_2、V_1、V_2 之间的语义关系对致使义处置式的来源、表义和发展的影响。下面我们从这个角度对致使义处置式的来源和发展进行分析。

一 致使义处置式的来源

关于致使义处置式的来源，学界多有论述。吴福祥（2003）认为不同的处置式经历了如下"一以贯之"的发展历程："连动式＞工具式＞广义处置式＞狭义处置式＞致使义处置式。"其中"连动式＞工具式＞广义处置式"是重新分析，"广义处置式＞狭义处置式＞致使义处置式"是功能扩展，吴文将汉语处置式的发展看作一个连贯的过程是有道理的。郭浩瑜（2010：107~155）对唐至现代汉语的致使义处置式的来源和发展过程进行了描写，认为致使义处置式来源于工具式、狭义处置式、处置（到）、述补结构的变换和表使动的"V_i 了 N"结构提宾等几类句式的功能扩展，分析了处置式获得致使义的原因和条件，并探讨了致使义处置式和其他结构之间的关系（述补结构和受事主语句的发展使得整个句式的"致使"意义凸显）。郭文用控制度的高低来解释处置式与工具式、使役句、被动句之间的语义渐变关系，有一定的说服力。不过，致使义处置式中 N_1 对 N_2（或整个句子所表示的事件）控制度的减弱应该是句式结构类推或功能扩展的结果，

第五章 由句式虚化形成的近代汉语分析型致使结构

而不是原因。①

我们从致使结构（致事+致使能量+所使+致使结果）的角度来讨论这个问题。在致使结构中，除了"致事"和"所使"的生命度对"致使力"产生影响外，"致使结果"也是很重要的语义组成要素。处置式发展出致使义的一个重要标志就是 V_2 不再表示动作，而更多表示"状态的改变或出现新的结果"，这也导致了 N_2 和 V_2 具有形成被描写和描写关系的可能，即 N_2 有可能被看作当事或施事。如：

（1）时我身上唯一鹿皮，我将鹿皮布于地上。（《佛本行集经》②）
[转引自蒋绍愚、曹广顺主编（2015），此书下同]

（2）每把金襴安膝上，更将银缕挂肩头。（《敦煌变文·妙法莲华经讲经文》卷五，742）

（3）当日个谁展英雄手，能枭项羽头，把江山属俺炎刘？（《元曲选·破幽梦孤雁汉宫秋》第二折，1326）

（4）他都不这等寻思，只是胡做，把自家坏了。（《皇明诏令·戒谕武臣敕》，246）

（5）当初在家把亲汉子用毒药摆死了，跟了来，如今把俺们也吃他活埋了。（《金瓶梅词话》一一回，109）

（6）须臾，门子从里出去，又叫两三个门子进来，把仪门两角门都紧紧的关了。（《醒世姻缘传》六二回，558）

例（1）至例（6）中的"布于地上""安膝上""挂肩头""属俺炎

---

① 我们从使役标记"使"的语法化过程中，也能看出句式类推或功能扩展会导致 N_1 生命度的降低以及 N_2 的受控力度减弱。下面的几个句例表现得很明显。（1）章邯恐，使长史欣请事，至咸阳，留司马门三日。（《史记·项羽本纪》）（2）因谗之曰："王使屈平为令，众莫不知，每一令出，平伐其功。"（《史记·屈原贾生列传》）（3）昨日之会，大率谈禅，使人情思不乐，归而怅恨者久之。（《河南程氏遗书》卷二，31）（4）加上绵延起伏的群山，错落隐现的胜迹，足够使你流连忘返。（朱自清《〈燕知草〉序》）从例（1）、例（2）到例（3）、例（4），N_1 对 N_2 作用力（致使力）的减弱是致事或所使生命度降低造成的，伴随的还有致使结果的非自主化。

② 《佛本行集经》共六十卷，隋代开皇七年到十一年（587—591 年），阇那崛多译，僧昙、费长房、刘平等笔受。

刘""坏了""吃他活埋了""关了"都不表示具体的动作,而是表示"状态的改变或出现新的结果"。不过上面的例句还不是致使义处置式,只是可以这么理解而已。

下面我们分别论述致使义处置式的来源。

(一) 来源于工具式的致使义处置式

蒋绍愚(1997)、吴福祥(2003)和郭浩瑜(2010:117)都对汉语中的工具式发展成致使义处置式做过描写和解释,认为在"'以/将/把/持 + NP_1 + V + NP_2'中如果 NP_1 等于 NP_2,'以/将/把/持'就语法化为引出受事的介词,整个句子倾向于看作是处置式。如果 NP_1 不等于 NP_2,'以/将/把/持'就虚化为表示工具的介词,整个句子倾向于看作是工具式"。而在由"以/将/把/持"构成的工具式中,NP_1 在一定的条件下可以看作 V 的施事或当事,从而使得句子含有致使义。我们来看下面这些例句:

(7) 孟子曰:"天下有道,<u>以</u>道殉身;天下无道,<u>以</u>身殉道。未闻以道殉乎人者也。"(《孟子·尽心上》)

(8) 及晋三分知氏,赵襄子最怨知伯,而<u>将</u>其头以为饮器。(《战国策·赵策一》)

(9) 项伯亦拔剑起舞,常<u>以</u>身翼蔽沛公,庄不得击。(《史记·项羽本纪》)

(10) <u>持</u>手举一佛境界。(《道行般若经》卷九①)[转引自郭浩瑜(2010:117),此书下同]

(11) 是菩萨摩诃萨,不<u>持</u>天眼彻视,不持天眼彻听,不持神足到其佛刹。(《般舟三昧经》卷二②)[转引自郭浩瑜(2010:117),此书下同]

(12) 寄言痴小人家女,慎勿<u>将</u>身轻许人。(唐·白居易《井底引

---

① 《道行般若经》为东汉支娄迦谶译,是反映大乘佛教般若学的较早的一部经,主要宣扬大乘"自性空"思想。
② 《般舟三昧经》是一部专门讲一心念佛证得念佛三昧的经典,由东汉时月氏国的支娄迦谶大法师翻译而成。

第五章 由句式虚化形成的近代汉语分析型致使结构

银瓶》,《全唐诗》卷 427-21)

(13) 莫把娇姿染污我,休将天女恼人来。(《敦煌变文·维摩诘经讲经文》卷五,854)

例(7)至例(13)都有两可的理解,是因为"身、头、手、眼"等表示身体部分的名词在认知上有可能隐喻指代人,从而获得有生性,成为句子后面动作的参与者,可以重新分析为施事或当事,从而使整个句子含有致使义。这些例句虽然都具有分析为致使义处置式的可能,但仍具有很明显的工具式特点,处于一种过渡阶段,还不能算作真正的致使义处置式。

下面这些例句就不能理解为工具式,而只能看作致使义处置式。

(14) 将新变故易,持故为新难。(唐·孟郊《古薄命妾》,《全唐诗》卷 372-6)

(15) 持世上人多智惠,好交问去唱将来。(《敦煌变文·维摩诘经讲经文》卷五,857)

(16) 贵姓子弟于饮食玩好之物之类,直是一生将身伏事不懈。(《河南程氏遗书》卷二,28)

(17) 散唱狂歌鱼未取,不把身心干时务。[宋·杜安世《凤栖梧》(任在芦花最深处),《全宋词》,185]

(18) 南楼把手凭肩处,风月应知。[宋·晏几道《采桑子》(秋来更觉消魂苦),《全宋词》,250]

(19) 壮志男儿,当年高士,莫把身心惹世埃。[宋·张继先《沁园春》(真一长存),《全宋词》,756]

(20) 休把闲心随物态,何事,酒生微晕沁瑶肌。[宋·苏轼《定风波》(好睡慵开莫厌迟),《全宋词》,289]

例(14)和例(15)中的"持"很明显表达致使义,不过这样的用例很少。例(16)至例(20)都不是工具式,其中的"将"和"把"也只能表达致使义。从"致事"的角度来看,这些例句的"致事"或缺省,或事件化,成为后面事件的原因,不可能为后面的动作行为提供具体的作用力。

汉语工具式为什么具有分析为致使义处置式的可能，我们可以通过比较工具式和来源于工具式的致使义处置式的语义差异来理解。下面我们将来源于工具式的致使义处置式表述为"致事+致使能量+所使+致使结果"，将工具式表述为"NP_1+以/将/把/持+NP_2+V+NP_2"。表5-1和表5-2是这两种结构在语义上的差异。

表5-1 来源于工具式的致使义处置式的语义特点

要素语义	语义特点		
致事	±有生性	±意愿性	±参与性
致使能量	将/把		
所使	+有生性		+自控性
致使结果	±状态性		±已然性

表5-2 工具式的语义特点

要素语义	语义特点		
NP_1	+有生性	+意愿性	+参与性
以/将/把/持	——		
NP_2	-有生性		-自控性
VP_2	±状态性		±已然性

通过对比表5-1和表5-2，我们可以发现工具式和来源于工具式的致使义处置式结构基本相同，只是内部的组成要素的语义存在如下差异。

其一，致事和NP_1的差别在于有生性的不同。工具式的NP_1需要有生名词充当，而且NP_1是有意愿性的动作的唯一执行者。由于所使的有生性和自控性（所使可以是动作的执行者），致事可以不具有有生性或不出现。

其二，由于"致事"有可能不是动作行为的参与者，所以"致使能量"有可能出现非物理性，即动作行为主要由"所使"来完成。但是工具式由于NP_2的非自控性（不能成为动作的参与者）而不会出现这种情况。

其三，所使和NP_2的差异是这两种句式差异的根本。工具式的NP_2不具有有生性（至少原型是这样的），导致NP_2没有自控性，不可能重新分析为施事或当事，进而使得NP_1是整个句子动作的唯一执行者。如：

(21) 姜与子犯谋，醉而遣之。醒，以戈逐子犯。(《左传·僖公二十三年》)

(22) 何可废也？以羊易之！不识有诸？(《孟子·梁惠王上》)

(23) 献公私谓骊姬曰："吾欲废太子，以奚齐代之。"(《史记·晋世家》)

例（21）、例（22）、例（23）中的"戈"、"羊"和"奚齐"在生命度上依次递增，导致句子越来越具有致使义的倾向。

（二） 来源于广义处置式的致使义处置式

关于近代汉语广义处置式的结构类型和语义特征的研究，可以概括如下[①]：广义处置式通常是一个双及物式，述语动词所表示的动作涉及两个域内题元，语义上处置性较弱。可分为以下几个小类。

其一，处置（给），PO_1给予O_2：由于某种动作的实施，某物由主体甲处转移到主体乙处。

其二，处置（作），PO_1当作/看作/比作O_2：某一人或事物被看作或当作另一人或事物，在V位置上出现的多是"认定""当作"义的认知动词。

其三，处置（到），PO_1放到/放在O_2：客体在某种动作的作用下位移到某一处所或方位之内，句中的动词多为行为动词。

广义处置式的句型主要有"以"字句、"持"字句、"取"字句、"捉"字句、"将"字句和"把"字句。如：

(24) 宇即使宽夜持血洒莽第，门吏发觉之，莽执宇送狱，饮药死。(《汉书·王莽传》)

(25) 尔时阿阇世王即便差守门人，取父王闭在牢狱。(《增壹阿含经》卷四七[②])［转引自蒋绍愚、曹广顺主编（2005：357），此书下同］

(26) 仙大师领金讫，将一万粒舍利、新经两部、造敕五通等，嘱附

---

① 这里的主要观点参考和引述自蒋绍愚、曹广顺主编（2005：354－365）。
② 《增壹阿含经》是东晋瞿昙僧伽提婆译著的一部佛经。

小子，请到日本答谢国恩，小子便许。(《入唐求法巡礼行记》卷三，124)

(27) 只<u>将</u>人世绮罗，裁作天宫模样。(《敦煌变文·妙法莲华经讲经文》卷五，706)

(28) <u>把</u>舜子头发，悬在中庭树地，从项决到脚腋，鲜血遍流洒地。(《敦煌变文·舜子变》卷二，200)

(29) 二人回来，<u>把</u>钩子靠在门旁，褡裢儿放在桌上。(《歧路灯》三三回，135)

由于广义处置式［处置（给）、处置（作）、处置（到）］都存在能量传递，最后都达到了某种目的和结果。例（26）［处置（给）］进行了物体传递，结果是"一万粒舍利、新经两部、造敕五通等"给了"小子"。例（27）［处置（作）］改变了事物的形态，结果是"人世绮罗"变成了"天宫模样"。例（25）［处置（到）］改变了人物/事物的处所或处境，结果是"父王"被关在牢狱。这三小类的广义处置式与致使义处置式是存在差异的。其中处置（给）基本上不可能发展出致使义，因为给予义动词一般都是三价动词，这样"NP$_2$"就成为给予义动词的宾语，很难理解为施事或当事（难以变成"所使"）。如：

(30) <u>将</u>此女与彼摩那婆，持以为妻。(《佛本行集经》卷四五)

(31) 我<u>将</u>马王与圣子乘，以彼诸天神通力故。(《佛本行集经》卷一八)

例（30）和例（31）中的"此女"（虽然"生命度"很高）、"马王"不可能重新分析为施事或当事，因此处置（给）难以发展成致使义处置式。

处置（作/到）发展出致使义的过程类似于工具式发展出致使义。"身、心、头、眼"等表示身体部分的名词在认知上有可能指代人，从而获得有生性，成为句子动作的实际参与者，可以重新分析为施事或当事。①

---

① 需要说明的是，这里所说的"可以重新分析为施事或当事"只是一种语义上的可能，事实上这类句子的工具性很强，"将"和"取"的动作性很强，还不能完全理解为致使义处置式。

表 5-3 是来源于处置（作/到）的致使义处置式的语义特点，其中"致使结果"一定具有状态性。

表 5-3　来源于处置（作/到）的致使义处置式的语义特点

要素语义	语义特点		
致事	±有生性	±意愿性	±参与性
致使能量	将/把		
所使	±有生性		±自控性
致使结果	+状态性		±已然性

在这里顺便讨论下上古汉语中的"以"字句式表示使令义的情况，这种"以"字句式可以当作表示使令义的兼语句来处理，"以"字出现在兼语前的动词的位置上，NP$_2$一般是生命度较高的人物名词。如：

（32）管仲以其君霸，晏子以其君显。（《孟子·公孙丑上》）

（33）向欲以齐事王，使攻宋也。宋破，晋国危；安邑，王之有也。（《战国策·秦策一》）

（34）景帝即位，以错为内史。（《史记·袁盎晁错列传》）

上面例句中的"以"字句都能和使令句互换。其中例（34）在《汉书·晁错传》为"上善之，于是拜错为太子家令"，说明"以"和"拜"一样，都是使令动词。

（三）来源于狭义处置式的致使义处置式

狭义处置式的论元结构是一个及物式结构，谓语动词通常是一个及物动词，有时候带上补语，所以就"处置"的角度来说，狭义处置式比广义处置式的处置性要强。一般可以将狭义处置式分为下面两个小类。（参见蒋绍愚、曹广顺主编，2005：357~359）

其一，动词为光杆形式：P + O + V（单纯动词居句末，动词前后没有其他成分）。如：

(35) 料理中堂，将少府安置。(《游仙窟》,7)

(36) 莫言鲁国书生懦，莫把杭州刺史欺。(唐·白居易《戏醉客》,《全唐诗》卷443-95)

其二，动词前后有其他成分：P+O+X+V 或 P+O+(X)+V+Y（动词为非光杆形式，前后有一些与动词有关的成分，如修饰成分或动态助词等）。如：

(37) 若把白衣轻易脱，却成青桂偶然攀。(唐·杜荀鹤《恩门致书远及山居因献之》,《全唐诗》卷692-137)

(38) 讨了半年不肯还我，把我的两对新靴子都走破了。(《朴通事谚解》,297)

(39) 路上撞见冯妈妈子，这般告诉我，把我气了个立睁。(《金瓶梅词话》一八回,194)

从处置介词来看，狭义处置式有"将"字句、"把"字句、"取"字句和"捉"字句。其中"取"字句见于唐代以前的翻译佛经，"将"字式的狭义处置式出现于魏晋六朝，而"把"字句和"捉"字句的狭义处置式只见于入唐以后的文献。

郭浩瑜(2010：131-135)将来源于狭义处置式的这类致使义处置式细分为三类，可以概括如下。

第一，谓语动词一般既可以理解为瞬间动词，又可以理解为持续性的状态动词，如"挂""置""开""闭""锁"等。这一类结构在致使义处置式中的控制度比较高，接近狭义处置式。如：

(40) 把禅龛闭定，怕蒲轮到。[宋·刘克庄《满江红》(屈指耆英),《全宋词》,1045]

(41) 莫把碧筒弯，恐带荷心苦。(宋·葛立方《卜算子·赏荷以莲叶劝酒作》,《全宋词》,1346)

(42) 武松见妇人十分妖娆，只把头来低着。(《金瓶梅词话》第二

回，20）

第二，可以将"N₂＋VP"看作一个受事主语句，动词常常是不可控的，往往是一些非主动的、无意的行为，带有意念上的受动性。如：

（43）已用当时法，谁将此义陈。（唐·杜甫《泛江寄李十二白诗》，《全唐诗》卷225-90）

（44）那马……初时着了路上走，把膘息跌了许多，这两日才吃的好些儿了。(《金瓶梅词话》三八回，444）

（45）他便走着没事，难为我这两条腿了！把鞋底子也磨透了，脚也踏破了。攮气的营生！(《金瓶梅词话》四九回，578）

第三，在"N₁＋把/将＋N₂＋VP"中，N₂是V的受事，N₂和N₁之间有特殊的领有关系，N₂是N₁的身体器官。这和工具式发展而来的致使义处置式有相似之处。如：

（46）解语花枝娇朵朵。不为伤春，爱把眉峰锁。［宋·赵师侠《蝶恋花》（解语花枝娇朵朵），《全宋词》，2080］

（47）对景可堪肠断。强把愁眉展。花期惹起归期念。（宋·赵长卿《桃源忆故人·初春》，《全宋词》，1777）

（48）那女大胆真率之言，令唐僧耳红面赤，羞答答不敢把头抬。(《西游记》二一回，252）

狭义处置式发展出"致使义"的主要原因是"致事"生命度降低，"致使结果"的状态性凸显，N₂在句法上成为"致使结果"所描述的对象，而和N₂是否具有有生性关系并不大。如：

（49）没事尚自生事，把人寻不是，更何况，今日将牛畜都尽失。(《刘知远诸宫调》第二卷，349）

例（49）中"失"以状态词充当对"牛畜"的描写，使得"牛畜都尽失"中的"牛畜"表现出当事的语义特点。不过一些动词（这类动词一般是指"物理状态变化动词""心理状态变化动词""形容词转动词""自我变化动词"）的及物性是很难判定的，即动作性和状态性不容易区分，例如"开""锁""关"等。事实上，"把门关"既可以理解为狭义处置式（"门"是"关"的受事），也可以理解为致使义处置式（"门"是"关"的当事），而具体语义理解只能根据前后文的语境进行判断。

我们知道 N_1 的动作参与度的高低差异会影响整个句式的语义理解，狭义处置式的 N_1 一般是动作的直接参与者，而致使义处置式中的"致事"可以不是动作的参与者。例如：

（50）他的一番话把我感动了。
（51）战士把敌人打退了。

例（50）中的"他的一番话"虽然是"我感动"的原因，但不是"感动"动作的直接参与者，而例（51）中的"战士"则是"打退"的动作直接参与者。

通过上面的分析，我们可以将狭义处置式和来源于狭义处置式的致使义处置式的异同描述如下。

第一，狭义处置式的 N_1 一般具有有生性，但也可以向无生性事物扩展，而致使义处置式的"致事"很多都事件化，可以仅仅表示原因。

第二，狭义处置式的 N_2 在语义上是 V 的受事，而致使义处置式的"所使"在语义上是 V 的施事/当事。因此狭义处置式能够轻易地变换成被动句，而致使义处置式变换成被动句则有一定的限制。如：

（52）他把桌子收拾干净了。→桌子被他收拾干净了。
（53）他拍完这场清宫戏后，需要花一段时间，先把头发长出来再说。→*头发被他长出来了。

例（52）能够比较自然地变换成被动句，"桌子被他收拾干净了"，而例（53）则不能。

第三，狭义处置式的 VP 倾向于动作性，而致使义处置式的"致使结果"倾向于状态性。关于这点，郭浩瑜（2010：132）举了以下例子加以说明。

(54) 他和小厮两个在书房里，把门儿插着。(《金瓶梅词话》三七回，433)

(55) 缠的妈急了，把门倒插了，不出来见他。(《金瓶梅词话》三二回，367)

例（54）强调的是状态，句子是致使义处置式，例（55）强调的是动作，句子是狭义处置式。

（四） 来源于使动用法提宾的致使义处置式

汉语使动用法在发展过程中逐渐衰落，取而代之的是述补结构和分析型致使结构，我们可以把致使义处置式看作表达致使义的特殊兼语句。通过对"破"的个案研究，徐丹（2005）指出，"汉语里一部分动词发生了词性变化，由典型的动词变化为非典型的动词或者说变化为形容词"。当使动用法的宾语出现提前的情况后，由于使动词词性的变化，因此"N_2"不能理解为受事，而只能重新分析为施事/当事，这样整个句式就具有致使义了。

关于近代汉语中来源于使动用法提宾的致使义处置式，蒋绍愚（1997、1999）指出，"把/将 + Sa（施事/当事）+ VP（可以是单个动词/形容词，也可以是述补结构）"这类致使义处置式最初是由带使动意义的动宾句变化而来的。这一类型的致使义处置式在来源上可以细分为三类：第一，由"使动词 + 宾语"的动宾句转换而来；第二，由"VC + N"的动宾句转换而来；第三，由"V + 得 + N + C"的动宾句转换而来。蒋文举了下面这些对比性的例子加以说明。

(56a) 门外又雪飘飘，耳边厢风飒飒，把那毡帘来低簌。(《元曲选·朱太守风雪渔樵记》第一折，2006)

(56b) 看这等凛冽寒天，低簌毡帘，羊羔美酒正饮中间，还有甚么人扶侍他？（《元曲选·朱太守风雪渔樵记》第一折，2005）

(57a) 此时林黛玉只是禁不住把脸红涨了，挣着要走。（《红楼梦》二五回，334）

(57b) 宝玉红涨了脸，把她的手一捻。（《红楼梦》第六回，90）

(58a) 您孩儿只因谢金吾把母亲的头跌破了来。（《元曲选·谢金吾诈拆清风府》第二折，1843）

(58b) 倒将我推下阶基，跌碎了这头。（《元曲选·谢金吾诈拆清风府》第二折，1846）

(59a) 那家人听了无法，只得回复县官，把个山阳县急的搓手。（《儿女英雄传》一三回，221）

(59b) 急的我把帽子也摘了，马褂子也脱了。（《儿女英雄传》三二回，544）

例（56a）将宾语"毡帘"提前，例（57a）将宾语"脸"提前，例（58a）将宾语"母亲的头"提前，例（59a）将宾语"山阳县"提前。

这种类型的致使义处置式能产性最高，在历史发展中，成为致使义处置式的主要类型。

我们来看下面几组例句：

(60a) 您孩儿只因谢金吾把母亲的头跌破了来。

(60b) 和朋友两个人把对面两个人的头打破了。

(61a) 何事莺声啭绿杨，刚把人惊醒。

(61b) 于是我把他推醒了，跟他说了这个事，还嘱咐他以后抱孩子一定要注意。

(62a) 拿起斧来便砍，把那婆婆惊倒在地。

(62b) 因各种原因和婆婆吵架，不小心把婆婆推倒在地。

上面例句 a 类都可以理解为致使义处置式，而例句 b 类只能看作狭义处

第五章 由句式虚化形成的近代汉语分析型致使结构

置式。原因在于"跌破"、"惊醒"和"惊倒"都不是使成式①,其中"跌、破、惊、醒、倒"的动作主体都是 N_2(母亲的头、人、那婆婆),而"打破""推醒"和"推倒"都是使成式,其中"打、推"的动作主体都是 N_1,"破、醒、倒"的动作主体都是 N_2。由于使成式的第一个动词限定为外动词,一定存在受事,因此我们认为这类致使义处置式中的"VP"一般不能是使成式。宛新政(2005:120)对现代汉语中的这类致使义把字句进行了研究,认为致使类把字句的 V_1(指 VP 的前一个动词)通常是不及物动词,如:

(63)玛力还来回地走,把脸全走红了。
(64)我祖父把体内的水分差不多都快跑干了。
(65)每逢温都寡妇想起丈夫的时候,总把二寸见方的小手绢哭湿了两三块。

例(63)、例(64)、例(65)中的"走、跑、哭"都是不及物动词。而一般把字句的 V_1 通常是及物动词,如:

(66)小风尖溜溜地把早霞吹散。
(67)于观把手上的烟掐灭。

例(66)、例(67)中的"吹、掐"都是及物动词。这也说明一般的使成式是不能充当这类致使义处置式的 VP 的。

由于这类致使义处置式的"致使结果"中的主要动词一般都是不及物动词或形容词,因此 N_2 可以重新分析为当事,而"所使"(即 N_2)则既可以是人物名词(生命度高),也可以是非人物名词(生命度低)。"致事"

---

① 王力(1980:466,1989:262)重新对使成式进行了界定:"使成式是一种仂语的结构方式。从形式上说,是外动词带着形容词('修好'、'弄坏'),或者是外动词带着内动词('打死'、'救活');从意义上说,是把行为及其结果在一个动词性仂语中表现出来。这种行为能使受事者得到某种结果,所以叫做使成式。"也就是说王力先生不认为内动词带内动词("饿死")和内动词带形容词("站累")是使成式,使成式的第一个成分被他限制在外动词上。

153

一般缺失或者是表示原因的事件。张伯江（2001）对"把"字句主语的特点进行了说明，认为其"自主性"不强，具有一种"使因性"的特点。宛新政（2005：127～128）依据"致事"（主语）的内部差异，将致使义"把"字句分为两个次类：主观致使和客观致使。宛文认为"主观致使的主语 N_1 一般具有［＋人］特征，V_1 是 N_1 主观上采取的动作行为，V_1 后面出现的新情况正是这一动作行为的目的，是 N_1 主观预期的。而客观致使的主语一般具有［－人］的语义特征，V_1 不是 N_1 主观上采取的动作行为，相反地，一般是 N_2 的动作行为"。不过，宛文所说的"主观致使"和狭义处置式在意义上区别不大，如：

(68) 工人们把优质产品和劣质产品混合包装在一起。

例（68）表达"主观致使"，也是狭义处置式。

郭浩瑜（2010：123）根据 N_1 生命度的高低（N_1 生命度高，控制度就高，反之控制度就低），认为从词语使动用法发展而来的致使义处置式控制度最低。我们可以从分析型致使结构中"致事"的"有生性""意愿性""参与性"三个语义特征来分析其特点。在这三个语义特征中，"有生性"决定了"意愿性"，而最重要的是"参与性"，即"致事"是否参与了动作行为。如：

(69) 大风把白杨树叶吹落了。
(70) 谁承望马嵬坡尘土中，可惜把一朵海棠花零落了。（《元曲选·唐明皇秋夜梧桐雨》第四折，753）

例（69）中"致事""大风"参与了后面的动作行为，句子是一般处置式，例（70）中"致事"缺失，不能参与后面的动作行为，句子是致使义处置式。

从"致使结果"的主要动词（包括形容词）的类别来看，可以将来源于使动用法提宾的致使义处置式分为以下几类。

其一，VP 为心理类不及物动词。"所使"一般是人物名词。如：

第五章　由句式虚化形成的近代汉语分析型致使结构

(71) 慌的老妈没口子道："姐夫吃了脸洗饭，洗了饭吃脸！"把众人都笑了。(《金瓶梅词话》一五回，163)

(72) ……拿了牙签儿在那里剔来剔去，正剔不出来，一时把安太太婆媳笑个不住。(《儿女英雄传》三四回，578)

(73) 把个谈尔音慌得上前扶住说道："……"(《儿女英雄传》三九回，663)①

其二，VP为存现类不及物动词，"所使"可以是人物名词，也可以是事物名词。如：

(74) 如此看，恐将本意失了。就此言之，见得子路勇于为善处。(《朱子语类》卷二九，734)

(75) 公与安卿之病正相反，安卿思得义理甚精，只是要将那粗底物事都掉了。(《朱子语类》卷一二〇，2882)

(76) 前日教张千买了个小厮，执着银唾盂，还不勾一两日，他将唾盂儿不见了。(《元曲选·罗李郎大闹相国寺》第四折，421)

(77) 就是一家子的长辈同辈之中，除了婶子倒不用说了，别人也从无不疼我的，也无不和我好的。这如今得了这个病，把我那要强的心一分也没了。(《红楼梦》一一一回，150)

(78) 这里晴雯的嫂子干瞅着，把个妙人儿走了。(《红楼梦》七七回，1074)

其三，VP为行为类不及物动词，"所使"一般是人物名词，后面一般会跟上补语。如：

(79) 这原来是个定身法，把那七衣仙女，一个个睁睁，白着眼，都站在桃树之下。(《西游记》第五回，52)

(80) 但是读书时，把两个小兄弟坐于案旁，将句读亲口传授，细

---

① 这个例句还有一个版本："把个谈尔音慌了，上前扶住说道：'……'"

细讲解，教以礼让之节，成人之道。(《醒世恒言·三孝廉让产立高名》第二卷，296)

其四，VP 为形容词，"致事"一般是事件或原因，生命度较低。"所使"可以是人物名词，也可以是事物名词。① 如：

(81) 莫不是雨雪少，把这黎民来瘦却？(《元曲选·半夜雷轰荐福碑》第二折，1112)

(82) 香菱便说："我有一枝夫妻蕙，他们不知道，反说我诌，因此闹起来，把我的新裙子也脏了。"(《红楼梦》六二回，843)

(83) 老祝忙笑道："姑娘说的是。我见姑娘很喜欢，我才敢这么说，可就把规矩错了，我可是老糊涂了。"(《红楼梦》六七回，925)

(84) 正是他们把个选事坏了。(《儒林外史》一八回，122)

其五，VP 为"内动词+内动词"或"内动词+形容词"，其中"内动词"与"内动词"或"形容词"的动作主体都是"所使"。如：

(85) 您孩儿只因谢金吾把母亲的头跌破了来。(《元曲选·谢金吾诈拆清风府》第二折，1843)

(86) 拿起斧来便砍，把那婆婆惊倒在地。(《水浒传》五三回，671)

(87) 到七日上，把个白白胖胖的孩子跑掉了。(《儒林外史》第六回，39)

例 (85) 中"破"的动作主体是"母亲的头"。例 (86) 中"惊"和"倒"的动作主体都是"那婆婆"。例 (87) 中"跑"的动作主体是"孩子"。

---

① 郭浩瑜 (2010：128) 认为这类形容词多为衰败、破落、损少类形容词，具有遭损、不如意的意味，导致了"遭受义处置式"的产生。不过这只是就 VP 的语义特点来说的，整个句式仍然可以看作致使义处置式。

二 致使义处置式的发展

致使义处置式虽然在来源上有差异，但是在发展过程中，各小类致使义处置式的句式意义渐渐趋同，成为分析型致使结构的一种，表现出"致事+致使动词/标记+所使+致使结果"的格式特点。宛新政（2005：118~126）从句法格式的角度考察了现代汉语中的致使义把字句，宛文通过对"致使结果"的分析将致使义把字句分为：动趋式（"致使结果"为"V+趋向补语"，下同）、动结式、动得式、动宾式、动体式、动介式、光杆动词、动量式、状动式和动副式。在共时的层面上，宛文统计了这些句式的分布情况，探讨了其在语义和结构上的特点。吴福祥（1996、2003）认为致使义处置式产生于唐五代，句型只见于"把"字句和"将"字句。我们认为这个判断是准确的。在来源于广义处置式的致使义处置式的用例中，有些两可的用例出现在唐代以前，不过我们认为这些例子虽然含有致使义，但是还不能完全将其理解为致使义处置式。这是因为句中 V_1 的动作性比较强，和使令句表达使令义是相同的道理。如：

（88）宇即使宽夜<u>持</u>血洒莽第，门吏发觉之，莽执宇送狱，饮药死。（《汉书·王莽传》）

（89）佛从袈裟中出金色臂，举右手着阿难头上，摩阿难头，<u>持</u>手着阿难肩上。（《道行般若经》卷十）

（90）尔时阿阇世王即便差守门人，<u>取</u>父王闭在牢狱。（《增壹阿含经》卷四七）

（91）顾彦先平生好琴，及丧，家人常<u>以</u>琴置灵床上。（《世说新语·伤逝》）

上面例句中的"持""取""以"的动作性比较强，整个句子还不能看作致使义处置式。

为了弄清楚致使义处置式在近代汉语时期的使用情况，我们调查了《敦煌变文》《朱子语类》《新校元刊杂剧三十种》《金瓶梅词话》《儒林外史》等文献，并分析了致使义处置式的历史演变情况。表5-4是近代汉语部分文献中致使义处置式的使用情况。

表 5-4 近代汉语部分文献中致使义处置式的使用情况

单位：例

介词	文献 《敦煌变文》			《朱子语类》			《新校元刊杂剧三十种》			《金瓶梅词话》			《儒林外史》		
	致使	总数	比例	致使	总数	比例	致使	总数	比例	致使	总数	比例	致使	总数	比例
把	7	29	24.1%	3	107	2.8%	31	379	8.2%	297	1231	24.1%	311	1125	27.6%
将	31	78	39.7%	61	585	10.4%	17	391	4.3%	41	173	23.7%	6	24	25%

从表 5-4 中可以看出，"把"字处置式在历史发展中逐渐取代"将"字处置式，在《儒林外史》中，"将"字处置式只有 24 例，而且很多例句都是引述前人的话，不是实际口语的反映。在近代汉语文献中，"把"字处置式数量占处置式总数的比例呈上升趋势，《金瓶梅词话》和《儒林外史》中的比例分别达到 24.1% 和 27.6%，这两部文献的市井口语较多，是实际口语的反映。在现代汉语中，据宛新政（2005：117）调查，"在 2355 条'把'字句中，致使性'把'字句共 207 条，占总数的 8.79%"，他认为，"致使性把字句在把字句中确实不是处于主要地位，而是处于附属地位"。致使义处置式是一般处置式结构进一步虚化的结果，在语义上表现为"致事 + 致使能量（把）+ 所使 + 致使结果"，其中"致事"多为生命度较低的事物、小句或主体行为，自主性较弱。"致使结果"一般为非自主动词，多为对"所使"的状态进行描述。

第三节 致使义处置式和抽象使役句的比较

我们可以从以下几个方面比较致使义处置式和抽象使役句的异同。

其一，从这两类句子句式变换的角度来看，吕叔湘（1986：23~31）认为，"一个春节把孩子们的心都玩野了"的准确说法是"一个春节使孩子们玩得心都野了"，吕文突出了这两种句式的共同点。徐燕青（1999：52~58）认为"使"字句和"把"字句存在语义和结构上的差异，而且并不是

第五章 由句式虚化形成的近代汉语分析型致使结构

所有含有致使义的"把"字句都能用"使"字句进行替换，这和 V_2 的语义指向有关。郭姝慧（2008：27~32）认为："能跟'使'字句置换的致使义'把'字句的'把'后部分都能独立成句，而且其致使事件谓词一般隐含。如果致使事件谓词没有隐含，那么'把'后成分一般得是致使事件的施事、感事或主事性成分，或者是与这些成分有关的领属性成分。"我们认为致使义处置式一般都可以变换成抽象使役句，这是因为这两种句式在"致事（有生或无生）"和"致使结果（自主性和非自主性）"的匹配上是一致的。如：

（1a）这件事把我很难堪。
（1b）这件事使我很难堪。
（2a）到七日上，把个白白胖胖的孩子跑掉了。（《儒林外史》第六回，39）
（2b）到七日上，让个白白胖胖的孩子跑掉了。

例（1）类的致事是无生事物，致使结果是非自主性的。例（2）类的致事缺省，致使结果是自主性的。

其二，从表义上来看，致使义处置式只能表达致使义，而不能表达使令义。因此在表义上，致使义处置式和抽象使役句是一致的，它们的"致事"一般是生命度较低的事物或是缺省。如："这李逵不省得，倒先把竹笆篾提起了，将那一舱活鱼都走了。"（《水浒传》三八回，493）"那一舱活鱼都走了"的原因是"李逵的一系列行为"，而不是李逵本身。这一点也是致使义处置式和具体使役句（致事一般为生命度高的人物名词）所表现出来的致使力存在强弱差异的原因。具体使役句 V_1 还具有明显的词汇意义，而致使义处置式中"把/将"的虚化程度很高。

其三，近代汉语中的致使义处置式和抽象使役句在"致事"和"所使"的语义类型上差别不大，其中"致事"倾向于事件化，而"所使"可以是人物，也可以是事物。从致使力的角度来看，抽象使役句比致使义处置式更弱，如：

（3）再把手一放，雷鸣空中，把五个妖物慌忙跪倒。

（4）再把手一放，雷鸣空中，使得五个妖物慌忙跪倒。

例（3）和例（4）不能直接替换，"使"后面必须带上"得"，将后面的 VP 状态化，可见这里的"使"比"把"虚化程度更高，对后面 VP 的作用力更弱。

此外，致使义处置式还继承了处置式的一些特点，如所使 N_2 的有定性，即 N_2 之前经常出现"那""个""只"等指示代词或量词，而抽象使役句的所使没有这个特点。

第六章
由小句融合形成的近代汉语分析型致使结构
——致使性重动句

第一节　致使性重动句和非致使性重动句

学界对重动句多有研究，唐翠菊（2001）认为重动句可以分为性质不同的两个大类：致使性和非致使性（描述性）重动句。它们在句式变换、VP_1 与 VP_2 的语义联系和补语的语义指向上都存在一系列的差别：致使性重动句的补语一般指向主语 S，非致使性重动句的补语一般不指向主语 S；致使性重动句的补语一般为结果补语和状态补语，而非致使性重动句也存在可能补语的情况。唐文举了下面一些对比性的例句。

（1a）他吃中餐吃胖了。
（1b）他吃中餐吃多了。
（2a）他讲课讲得口干舌燥。
（2b）他讲课讲得很棒。

例（1a）是致使性重动句，吃中餐导致他胖了。例（1b）是非致使性重动句。例（2a）是致使性重动句，讲课导致他口干舌燥。例（2b）是非致使性重动句。

张旺熹（2002：187）从结果信息的偏离性的角度将重动句分为致使性重动句和描述性重动句（即非致使性重动句）。郭锐、叶向阳（2001）提出

"致使情景"一说,认为"两个或两个以上的事件存在着'作用—效应'的关系,即事件一导致事件二",并用两个(或两个以上)事件来表示致使结构的内部关系。很多学者在解释致使性重动句表示致使义的时候多采用"致使情景"一说,这对明确句子内部的因果关系是有帮助的,但是难以揭示致使句式内部各语义组成要素的关系。

从句法结构上,我们可以将重动句描述成"S + VO + VC",重动句是否表达致使意义不但同"VO"和"VC"之间的语义关系有关,而且还和 C 的语义指向有关。从语义关系上,可以把这种致使句式描述为"致事 + 致使能量 + 所使 + 致使结果"。近代汉语致使性重动句在语义上也符合"致事 + 致使能量 + 所使 + 致使结果"这个语义链条。如:

(3) 想簪子想疯了心。
(4) 叫观音叫的(得)口歪。
(5) 念书念疲了你。

例(3)至例(5)的"起因事件"是"想簪子""叫观音""念书","结果事件"是"想疯了心""叫的(得)口歪""念疲了"。重动句中的"VOV 得 C 类"很明显符合"致事 + 致使能量 + 所使 + 致使结果"这个语义链条。重动句中的"VO₁VCO₂类"和"VOVC 类"的"所使"虽然都位于句后,但结果都需要出现,而且句子都存在"致使力"的传递,因此我们认为这两类致使性重动句也符合"致事 + 致使能量 + 所使 + 致使结果"这个语义链条。下面我们按照这个语义链条来分析致使性重动句。

(6) 妈妈讲大灰狼的故事讲得孩子们都不敢入睡了。
(7) 王铁匠打铁打出火星子来了,烧掉了整个铁匠铺子。
(8) 电梯坏了,爬楼梯爬得腿抽筋。
(9) 爸爸抽烟抽得整个房间都是烟味。
(10) 由于他的自以为是,大家提建议都提怕了。

第六章　由小句融合形成的近代汉语分析型致使结构

(11) 昨天吃烧烤吃得一身的烧烤味①。
(12) 由于过分相信 GPS 导航，两游客<u>开车开到海里去了</u>。
(13) 老李嗜酒如命，常常一个人<u>喝酒喝醉了</u>。

从例（6）至例（13）可以看出以下几点。

其一，致使性重动句的"致事"是前面的动词短语②（如"讲大灰狼的故事""打铁""爬楼梯""抽烟""提建议""吃烧烤"等），而不是整个句子的主语（如"妈妈""王铁匠""爸爸""两游客"等）。事实上，这些句子的主语随意更换或不出现不会影响整个句式表达致使义。

其二，致使性重动句的"致使能量"一般由重动句的第二个动词体现，如例（7）的"打"、例（13）的"喝"。

其三，致使性重动句"所使"的情况比较复杂，可以分为以下几种：第一，整个句子的主语，如例（10）的"大家"，例（13）的"老李"；第二，和整个句子主语相关的表示身体部分的名词，如例（8）的"腿"，例（11）的"一身"；第三，非句子主语的单独的人物名词，如例（6）的"孩子们"；第四，非句子主语的单独的事物名词，如例（7）的"火星子"，例（9）的"整个房间"，例（12）的"车"。

其四，致使性重动句中的"致使结果"类型和补语的分类密切相关。致使性重动句的补语一般是结果补语［产生新的结果，如例（10）、例（13）］、状态补语［出现新的状态，如例（11）］或发生位移的改变［如例（12）］。

我们从补语的语义指向来看致使性重动句，发现致使性重动句补语的语义指向可以分为三大类。

第一，句子主语，一般可以省略，如：

(14) 妈妈讲大灰狼的故事讲烦了。

---

① 范晓（1992）认为："这个例句是名词性词语充当补语，不过这种名词性短语数量很少，仅限于'数量名'形式的特定的定心短语（'数'又限于含'全''满'意义的'一'），这种定心短语中间无'的'加'是'便成主谓短语（如'一身是冷汗''一脸是皱纹'），所以这种名词性短语出现在'得'后其功能跟谓词性词语是一致的。"

② 在这里我们将致使性重动句看作"主谓谓语句"，把 S 看作大主语，VO 看作小主语，VC 是谓语部分。这种句子可以记作"S_1+S_2P"。关于这种句式到底属于何种句型，学术界是有分歧的（参见范晓，1993）。

补语的语义指向为"妈妈",句子为致使性重动句。

第二,和句子相关的人或事物,一般必须出现,如:

(15) 妈妈讲大灰狼的故事讲得孩子们都不敢入睡了。

补语的语义指向为"孩子们",句子为致使性重动句。

第三,和句子主语相关的名词,可以出现,也可以省略,如:

(16) 妈妈讲大灰狼的故事讲得嗓子哑了。

补语的语义指向为"嗓子",句子为致使性重动句。当句子补语不是以上三类的时候,句子就属于非致使性重动句,如:

(17) 妈妈讲大灰狼的故事讲急了,孩子们没有听明白。
(18) 妈妈讲大灰狼的故事讲得很详细,孩子们很高兴。

例(17)中补语的语义指向为动词"讲",句子为非致使性重动句。例(18)中补语的语义指向为"大灰狼的故事",句子为非致使性重动句。

第二节 致使性重动句的来源、历史发展和句法语义特点

关于汉语重动句的来源和历史发展,王力(1984)、岳俊发(1984)、赵长才(2016)、戚晓杰(2006)、刘子瑜(2008)、赵林晓(2014)等人都做过研究,其中赵林晓的博士学位论文对近代汉语重动句的来源、分类、各小类重动句的产生时代和发展过程都做了详细的描写和解释,此处不打算引用,详情请参考原文。在这里我们主要从表达致使义的角度关注近代汉语重动句中的致使性重动句的历史使用情况、句法语义特点以及与其他致使义句式的关系。

致使性重动句是依据意义对重动句进行划分的小类,符合分析型致使结构的语义和形式特点,下面我们通过语义链条"致事+致使能量+所使+致

使结果"对其进行分析。

赵林晓（2014：28）认为近代汉语中的致使性重动句主要包括三类：元代产生的 VO₁VCO₂、明代产生的 VOV 得 C、清代产生的 VOVC。[①]

其一，从致使事件的角度来看，致使类 VO₁VCO₂ 重动句中的"VO₁"与"VCO₂"存在致使关系。我们从致使语义要素来看，可以发现致使类 VO₁VCO₂ 重动句中的"致事"是事件化的"VO₁"，"所使"是 O₂，而"致使结果"可以由趋向动词或结果性谓词来充当。如：

(1) 自得此镜之后，财物不求而至：在家里扫地也扫出金屑来，垦田也垦出银窖来，船上去撒网也牵起珍宝来，剖蚌也剖出明珠来。(《二刻拍案惊奇·王渔翁舍镜崇三宝》卷三六，217)

(2) 柳青吓了一跳，急将头巾摘下，摸了一摸，簪子仍在头上，由不的哈哈大笑，道："姓蒋的，你是想簪子想疯了心了。我这簪子好好还在头上，如何被你偷去？"(《三侠五义》一一五回，495)

(3) 如今一碗茶要一把叶子，照这样子，只怕喝茶就要喝穷了人家。真正岂有此理！(《官场现形记》一九回，218)

(4) 副钦差又留他吃饭，叫他升冠宽衣。做老师的是一向吃豆腐把嘴吃淡了，以为今天钦差留他吃饭，一定可以痛痛快快的饱餐一顿鱼肉荤腥。(《官场现形记》一九回，217)

(5) 指着世良道："我去年原说他，随你折本趁钱，总归到做财主了才住。如今折本折出上万银子来，可是折出来的财主么？"(《李渔全集·无声戏，第四回》)

由于"致事"的话题化，这类重动句的第一个 V 可以省略，句子的意思基本不变，所以就出现了例 (6)、例 (7) 和例 (8) 这样的句子。

(6) 地也扫出金屑来，田也垦出银窖来，船上去撒网也牵起珍宝来，蚌也剖出明珠来。

[①] 本节近代汉语时期文献中的例句（页码除外）除非特别说明，都是转引自赵林晓（2014）。

(7) 簪子想疯了心了。我这簪子好好还在头上，如何被你偷去？

(8) 如今一碗茶要一把叶子，照这样子，只怕茶就要喝穷了人家。真正岂有此理！

如果这种句式和处置式结合起来的话，那么会出现例（9）、例（10）和例（11）这样的句子。

(9) 做老师的是一向豆腐把嘴吃淡了，以为今天钦差留我吃饭，一定可以痛痛快快的饱餐一顿鱼肉荤腥。

(10) 学生把老师教烦了。

(11) 这破板凳把人坐疼了。

因此，我们认为所谓的"倒置处置式"实际上来源于致使性重动句省略第一个动词后的"把"字提宾，这一过程可以描述为"①吃豆腐吃淡了嘴→②豆腐吃淡了嘴→③豆腐把嘴吃淡了"。

致使类 VO_1VCO_2 重动句的"所使"O_2 的出现使得补语的语义指向明确，表意更加清楚，而且由于补语主要是趋向补语和结果补语，因此 O_2 主要有两种类型：一类是大主语的一部分，如"你打他打破头""你想奶奶做想迷了心""杀人杀花眼"；一类是和句子相关的人或事物，如"田也垦出银窖来""睡觉睡出病来""爱他爱成怕"。试比较以下例句：

(12) 只怕喝茶就要喝穷了人家。

(13) 照这样子，只怕喝茶就要喝穷了。

例（12）和例（13）存在表意差异，补语的语义指向不同。例（12）的"穷"语义指向是"人家"，而例（13）的"穷"语义指向是动作的施事。

致使类 VO_1VCO_2 重动句的"致使结果"无论是由趋向动词还是结果性谓词来充当，都表明"致事"导致了新情况的产生。前面我们曾经提到"重动句总体上源自于语篇中分散句子的融合"，这种融合在句意上时常具有致使语义关系，而致使关系中最主要的语义要素在于"结果的突显"，因

第六章 由小句融合形成的近代汉语分析型致使结构

此致使类 VO_1VCO_2 重动句的"致使结果"是新出现的情况，是整个句子表达的重点。赵林晓（2014：92）认为："这类致使重动句各个小类的产生年代的先后顺序大致是：①射鹿射死人→②扫地扫出金屑来→③锄地锄出一锭金→④想簪子想疯了心。前两类萌芽于元代，第三类在明代已经广泛运用，而第四类出现于清代。"

其二，致使类 VOV 得 C 重动句正式出现于明代，清代数量明显增多。据赵林晓（2014：62、63）统计，明代有 18 例致使类 VOV 得 C 重动句，清代有 28 例。这类致使性重动句从"所使"来看，可以分为两类：一类是有生的人物名词（大主语 S）；另一类是大主语 S 的身体名词。出现这种情况的原因在于有生人物名词或身体名词（隐喻的作用）能够成为"致使结果"的动作执行者，即施事或当事。如：

（14）那劳承、那般顶戴，似盼天仙盼的眼哈，似叫观音叫的口歪。（《牡丹亭·婚走》三六出，205）

（15）碧峰道："你今日寻徒弟寻的费了力，我今日个等你等的费了神。"（《三宝太监西洋记》第一回，9）

（16）狗杀才，吃人吃的眼红了，核桃、枣，一例儿数起来。（《歧路灯》二七回，103）

（17）崇文笑曰："你读书读得呆了。"（《笏山记》一七回，152）

（18）老爷们想小老婆想的会疯，张二爷想老官板想的会聋。（《歧路灯》一〇五回，425）

（19）闷闷归家，闷闷归家，想他想的眼儿穿。（《聊斋俚曲集·禳妒咒》第六回，604）

上面例句中的"口""我""眼""你""老爷们""眼儿"都是后面"歪""费了神""红""呆""疯""穿"的动作主体，能够成为"致使结果"的动作执行者，即施事或当事。

这类致使性重动句的"致使结果"都是形容词、不及物动词或是描述状态/结果的短语，对"所使"起到补充说明的作用，在句法上表现为主谓结构。如：

（20）狗杀才，<u>吃人吃的眼红了</u>。

（21）我今日个<u>等你等的费了神</u>。

（22）崇文笑曰："你<u>读书读得呆了</u>。"

这类致使性重动句一般都能变换为"致事+V得OC"结构，因此句子的大主语S既是这类致使结构的"所使"（有的是充当身体名词的主体，如"狗杀才眼红了"），又是发出"致使能量"的动作主体（"吃"的动作主体是"狗杀才"，"等"的动作主体是"我"，"读"的动作主体是"你"）。"致事"是"VO"，来源于独立的句子表达在语言发展中的融合，VO的话题化、事件化，导致共只能表达致使原因。如：

（23）狗杀才，吃人吃的眼红了。

（24）我今日个等你等的费了神。

（25）崇文笑曰："你读书读得呆了。"

上面例句中，"吃人"是"眼红"的原因。"等你"是"费了神"的原因。"读书"是"呆"的原因。

下面我们来分析致使类 VOV 得 C 重动句的语义特点（见表 6-1）。

表 6-1　致使类 VOV 得 C 重动句的语义特点

语义	要素	
	语义特点	
致事	VO 的话题化、事件化，表达致使原因	
致使能量	重动句的第二个动词*	
所使	有生的人物名词（大主语 S）	大主语 S 的身体名词
致使结果	状态或结果补语	

* 事实上，这类致使性重动句的第一个动词的作用已经不是很重要了，很多时候完全可以省略，如：

(1) 这几天，睡木板床睡得我腰疼。

(2) 读语料读得人头晕目眩。

例 (1) 可以变换为"这几天，木板床睡得我腰疼"。例 (2) 可以变换为"语料读得人头晕目眩"。

第六章 由小句融合形成的近代汉语分析型致使结构

根据表6-1所反映出的致使类VOV得C重动句的语义特点,我们可以把致使类VOV得C重动句和"使"字句进行比较。致使类VOV得C重动句的"致事"只能是表示致使原因的事件化的VO,而"使"字句的"致事"则自由得多,可以是人物名词,也可以是事件化的动词短语。致使类VOV得C重动句的"所使"一般都是有生名词(生命度较高,身体名词也可以隐喻为有生名词),而"使"字句的"所使"既可以是有生名词,也可以是无生名词。从表义来看,致使类VOV得C重动句类似于抽象使役句,只不过在近代汉语中还没有发现"所使"为无生名词的致使性重动句用例。

其三,致使类VOVC重动句产生于明末,清初有比较多的用例,到了清末其表达更加成熟(赵林晓,2014:108)。这类重动句产生的一个重要原因是语用表达的需要,VO的前置有利于突出事件发生的原因,有利于在整个致使结构中强调"致使力"的存在。我们不认为VO陈述性的减弱是重动句(小句)融合的原因,恰恰相反,语言表达的经济性导致了VO常常处于"致事"的位置上,最终使得VO的陈述性减弱,也就是说VO陈述性的减弱是结果,而不是原因,是致使类重动句最终形成的标志。如:

(26) 我念书念疲了,偶然去走了走。(《聊斋俚曲集·磨难曲》一六回,731)

(27) 当贾环同众丫鬟掷骰子耍赖时,宝玉就教训贾环说:"你天天念书倒念糊涂了。"(《红楼梦》二〇回,269)

(28) 宝玉道:"你不知道,我们有我们的禅机,别人是插不下嘴去的。"袭人笑道:"你们参禅参翻了,又叫我们跟着打闷葫芦了。"(《红楼梦》九二回,1271)

(29) 我想哥哥闹了事,担心的人也不少。幸亏我还是在跟前的一样,若是离乡调远听见了这个信,只怕我想妈妈也就想杀了。(《红楼梦》一〇〇回,1368)

(30) 只得勉强冷笑一声说:"我的少爷,你这可是看鼓儿词看邪了。你大概就把这个叫作'临阵收妻'。"(《儿女英雄传》第九回,156)

(31) 本地戏园散戏本来是极早的,这里一帮人打牌打昏了,忘记派人去接。(《官场现形记》五〇回,632)

例(26)至例(31)也可以变换成"得字句",如"念书念得我疲了""天天念书倒念得你糊涂了""参禅参得你们翻了""只怕想妈妈想得我杀(死)了""看鼓儿词看得你邪了""打牌打得一帮人昏了",这样的"得"字句式在近代汉语中是存在的,而在现代汉语中都换成了"述补结构+宾语",如"念书念疲了我""天天念书倒念糊涂了你""参禅参翻了你们""只怕想妈妈想杀(死)了我""看鼓儿词看邪了你""打牌打昏了一帮人"。这类致使性重动句补语的语义都是指向大主语的,"疲""糊涂""翻""杀""邪""昏"都是指整个句子的主语,也就是说整个致使结构的"所使"都是句子的主语,从"致使结果"来看,致使类 VOVC 重动句的 C 是对句子主语的描述。虽然这种致使性重动句也表现出了因果关系,但是我们认为句子的表意重点需要在具体的语境中加以明确。①

从"致事"的角度来看,致使类 VO_1VCO_2 重动句比致使类 VOVC 重动句话题性更强,这主要表现在致使类 VO_1VCO_2 重动句中的第一个 V 在很多情况下都可以省略,而致使类 VOVC 重动句中的第一个 V 一般不能省略,如"书念糊涂了""鼓儿词看邪了""牌打昏了"都是不自然的。

我们知道近代汉语时期存在一类带宾语的结果补语结构"V 得 OC",后来这类结果补语结构逐渐消失,现代汉语普通话中已经没有这种句式了,如:

(32)十三学得琵琶成,名属教坊第一部。(唐·白居易《琵琶行》,《全唐诗》卷 435-19)

(33)如今未曾看得正当底道理出,便落草了,堕在一隅一角上,心都不活动。(《朱子语类》卷一二一,2731)

(34)那刘官人一来有了几分酒,二来怪他开得门迟了,且戏言吓他一吓,便道……(《京本通俗小说·错斩崔宁》,134)

---

① 这类致使性重动句的表意重点,基本上可以分为三类:强调原因、强调因果关系和强调结果。在具体的语境中,我们可以通过提问来加以明确,如:
(1) A:他讲什么讲烦了? B:他讲故事讲烦了。(强调原因)
(2) A:他为什么烦了? B:他讲故事讲烦了。(强调因果关系)
(3) A:他讲故事讲得怎么样? B:他讲故事讲得烦了。(强调结果)

这类"V 得 OC"变换成句意相同的重动句后,都没有致使的意义,如"学琵琶学成了""看书看出正当底道理""开门开迟了",原因在于这类句式的"C"在语义上都没有指向整个句子的主语,而致使类 VOVC 重动句的补语在语义上都是指向整个句子主语的。

第三节　近代汉语致使性重动句和表致使义"V 得 OC"结构的关系

宛新政(2005：197)探讨了表示致使意义的 V 得句,认为"'得'字句中表示致使意义的结构可以表示为'$N_1 + V_1$ 得 + ($N_2 + V_2$)'",并举例如下：

(1) 她的表情和含意<u>吓得方鸿渐不敢开口</u>,只懊悔自己气愤装得太像了。

(2) 手边茶几上搁一顶阔边大草帽,当然是她的,<u>衬得柔嘉手里的小阳伞落伍了一个时代</u>。

(3) 越来越冷,<u>冻得嗓子中发痒</u>,又怕把老程咳嗽醒了。

(4) 他第二天穿上绸子大褂满街走,<u>招得一群小孩子在后面叫他 Chink</u>!

从现代汉语来看,这是很正确的。不过,在近代汉语中,"V 得 OC"并不是都具有致使义。"V 得 OC"分为带宾语的结果补语结构(不具有致使义)和带宾语的状态补语结构(部分具有致使义),现分别举例如下：

(5) 乔俊言："梢工,你与我问巡检夫人,若肯将此妾与我,我悄愿与他多些财礼,讨此人为妾。<u>说得此事成了</u>,我把五两银子谢你。"(《清平山堂话本·错认尸》,147)

(6) <u>唬得貂蝉连忙跪下</u>,不敢抵讳,实诉其由。(《三国志平话》卷上,26)

(7) 到第二日,道："我连日<u>睡得骨头都疼</u>,今日略健,你扶我起

来坐一坐。"(《型世言》第四回,36)

(8) 这张都监道:"不是看我兄弟张团练面上,谁肯干这等的事!你虽费用了一些钱财,却也安排得那厮好……"(《水浒传》三一回,385)

例(5)是带宾语的结果补语结构,例(6)、例(7)和例(8)是带宾语的状态补语结构。近代汉语中的"V得OC"只有例(6)和例(7)还在现代汉语中使用,具有致使义,而且一般不能转换成相应的重动句。例(5)和例(8)只存在于近代汉语,都不具有致使义,现代汉语一般使用重动句或述补结构来代替,如"说此事说成了"或"说成了此事","安排那厮安排得好"或"安排好那厮"。

下面是近代汉语中具有致使义的"V得OC"的一些用例。

(9) 芳情香思知多少,恼得山僧悔出家。(唐·白居易《题灵隐寺红辛夷花戏酬光上人》,《全唐诗》卷443-44)

(10) 西施淫魔得人怜,迷得襄王抛国位。刹鬼一朝来取你,任君有貌及文才。(《敦煌变文·维摩诘经讲经文》卷五,807)

(11) 二将当时夜半越对,唬得皇帝洽背汗流。(《敦煌变文·汉将王陵变》卷一,66)

(12) 把协劫掠薄贱,一查打得皮肉破损鲜血满。(《张协状元》,517)

(13) 似胜花娘子无异,血染得衣衫煞红。(《张协状元》,511)

(14) 日日吵得亚爹耳朵聋,两三日饭也不吃一口,谁知你今日死了一场空。(《张协状元》,502)

(15) 先教人掩扑了我几夜恩情,来这里被他骂得我百节酸疼。(《新校元刊杂剧三十种·诈妮子调风月》第三折,39)

(16) 都是贼子奏,奏得您继母焦,焦得您父王愁。(《新校元刊杂剧三十种·晋文公火烧介子推》第二折,174)

(17) 假若韩退之蓝关外不前骏马,孟浩然灞陵桥也不肯骑驴,冻得我手脚如麻粟。(《新校元刊杂剧三十种·好酒赵元遇上皇》第二折,48)

第六章　由小句融合形成的近代汉语分析型致使结构

(18) 进房来,四下静,由不的我悄叹。想娇儿,哭的我肝肠儿气断。(《金瓶梅词话》五九回,725)

(19) 郑氏惊的不敢做声,张篦娘吃了一杯茶去了。(《型世言》二五回,225)

(20) 一日,也是这样乌风猛雨,冰雹把人家瓦打得都碎。又带倒了好些树木,烟云罩尽,白昼如夜。(《型世言》三九回,351)

(21) 那驴子扑剌剌跑,却似风送云一般,颠得一个王奶奶几乎坠下驴来。(《型世言》一二回,108)

(22) 又对烈妇道:"你的心如金石,我已久知,料不失节,不必以死从我。"一席说得人人泪流。(《型世言》第十回,90)

(23) 刚才八出《八义》闹得我头疼,咱们清淡些好。(《红楼梦》五四回,732)

(24) 一席话说得赵姨娘闭口无言,只得回房去了。赵姨娘实在是大败而归,讨了个没趣,稀里糊涂地做了别人的一回枪筒子。(《红楼梦》六○回,818)

(25) 霎时间羞得他面起红云,眉含春色,要住不好,要躲不好,只得扭过头去。(《儿女英雄传》第九回,153)

(26) 恰好他读文章读得有些心里发空,正用得着,便拿起筷子来拣了几片风肉夹上,才咬了一口,听得父亲叫。(《儿女英雄传》三三回,561)

近代汉语中具有致使义的"V得OC"的句法语义特点可以从以下三个方面来观察。

第一,V一般分为两类。一类是心理动词或形容词,如"恼""迷""唬""焦""冻""惊"等等。这类句子的"所使"O一般可以置于V之前。另一类是行为动词,如"打""吵""骂"等等。这类句子的"所使"O虽然不能直接置于V之前,但是可以"把"字提宾。在《张协状元》中第一类有77例,而第二种有26例。

第二,"所使"O一般分为三类:第一类是人物名词,如上面例句中的"山僧""襄王""皇帝""继母""王奶奶"等等;第二类是身体名词,如

173

上面例句中的"皮肉""鲜血""耳朵""手脚""心里"等等；第三类是和主语语义密切的名词，如上面例句中的"衣衫""瓦"等等。这三类"所使"的使用情况，以人物名词最多，其次是身体名词，第三类最少。在《张协状元》中，这三类"所使"的使用情况是这样的：人物名词出现了67例，身体名词出现了29例，语义相关名词出现了7例。

第三，"致使结果"一般分为两种情况：一种情况是性质或状态性谓词，如"破损""煞红""酸疼"等等；另一种情况是谓词后面接宾语，表示新情况的出现，如"悔出家""抛国位"等等。其中第一种情况占了绝大多数，如在《张协状元》中第一种情况有91例，而第二种情况只有12例。

我们知道致使类"VOV得C"产生于明代，其补语C的语义指向始终是大主语或是和大主语有关的身体名词，如"老爷们想小老婆想的会疯，张二爷想老官板想的会聋""狗杀才，吃人吃的眼红了，核桃、枣，一例儿数起来"。而具有致使义的"V得OC"（V为行为动词）的补语始终是前面的O，因此只有当O是与大主语相关的身体名词的时候，这两种句式才可以相互转化，如"恰好他读文章读得有些心里发空，正用得着，便拿起筷子来拣了几片风肉夹上，才咬了一口，听得父亲叫"可以变换为"恰好（读）文章读得他有些心里发空，正用得着，便拿起筷子来拣了几片风肉夹上，才咬了一口，听得父亲叫"。因此致使类重动句"VOV得C"和具有致使义的"V得OC"句式（仅仅限于V为及物动词）在句义上只有部分重合，我们认为这两种句式不存在前后继承的关系。

第四节　致使性重动句和致使义处置式的比较

关于致使性重动句和致使义处置式的异同可以从以下几个方面来观察。

其一，从致使情景的角度来看，这两种句式在来源上存在差异。致使性重动句来源于小句融合，是将"起因事件"和"结果事件"两个微观事件融合在一个宏观事件中。如：

（1）当贾环同众丫鬟掷骰子耍赖时，宝玉就教训贾环说："你天天念书倒念糊涂了。"（《红楼梦》二〇回，269）

第六章　由小句融合形成的近代汉语分析型致使结构

（2）这李逵不省得，倒先把竹笆篾提起了，将那一舱活鱼都走了。（《水浒传》三八回，493）

（3）这里把个婆子心疼的只念佛。（《红楼梦》五九回，809）

（4）用手一指，把剑一挥，喝声："孽畜不落，更待何时！"再把手一放，雷鸣空中，把五个妖物慌忙跪倒，口称："上仙！小畜不知上仙驾临，望乞大德，全生施放。"（《封神演义》一六回①）（转引自郭浩瑜，2010：126）

例（1）中的"你天天念书倒念糊涂了"由"你天天念书"和"你念糊涂了"两个具有因果关系的事件组成。致使义处置式来源于处置句式的进一步虚化，包括 N_1 的事件化，如例（2），或缺省，如例（3），导致其不能充当处置的主体，只能成为后面"结果事件"的"起因事件"，并且背景化，句子冗长，如例（4）。

在实际使用中，致使义处置式比致使性重动句更能突出"结果事件"。从句子结构来看，致使性重动句比致使义处置式结构更紧凑。

其二，从表义上来看，致使性重动句"致事"的事件化和话题化使得其只能表达致使义，而不能表达使令义，这一点和致使义处置式是一致的。不过，致使性重动句"所使"的位置并不固定，即 VC 中的 C 在语义指向上比较复杂。

其三，存在相应的句式变换。郭浩瑜（2010：144）认为无生事物充当处置式中的 N_1 这种致使义处置式来源于 VO、VC 两小句融合后的"把"字提宾。我们认为这种致使义处置式的使用应该在致使性重动句省略了前一个 V 之后（仅限于"VO_1V 得 O_2C"类致使性重动句），这反映了两种句式在共同表达致使义的基础上的句式变换。

（5）这李瓶儿良久又悲恸哭起来。前腔：想娇儿想的我无颠无倒。盼娇儿，除非是梦儿中来到……（《金瓶梅词话》五九回，725）

（6）想冤家想得我恹恹憔瘦，自那间，那一日，与你把眼色丢，

---

① 《封神演义》（俗称《封神榜》），是明代许仲琳创作的长篇小说，约成书于隆庆、万历年间。

到如今，意悬悬……（《挂枝儿·想部》，37）

（7）害相思害的我刚刚的止剩下一口游气儿。（《霓裳续谱·害相思》卷七，102）

在上面的例句中，致使性重动句的致事由于话题化，第一个动词可以省略①，可以说成"娇儿想的我无颠无倒""冤家想得我恹恹憔瘦""相思害的我刚刚的止剩下一口游气儿"。转换成致使义处置式则为"娇儿把我想的无颠无倒""冤家把我想得恹恹憔瘦""相思把我害的刚刚的止剩下一口游气儿"。现代汉语也存在很多这样的句子，如"语料把我读得吐血""板凳把我坐得腿麻了"。

---

① 张翼（2011）指出这种省略只是"倒置致使结构"的一种来源。如：（1）雪地里的午饭吃得我想哭；（2）一顿饭饱得我直不起腰来。前一例可以改写成重动句，而后一例则不行。

结　语

因果关系是客观世界中的一种普遍现象，原因和结果是揭示普遍联系着的事物具有先后相继、彼此制约关系的一对范畴。致使关系作为因果关系中非常重要的一类，投射到语言中表现为致使结构的广泛使用。语言类型学一般将致使结构分为分析型、形态型和词汇型致使，这三种类型并没有一个明确的界限，是一个连续体。古代汉语以形态型致使和词汇型致使为主，分析型致使并不突出，中古以降，使令句类型逐渐完备，近代汉语时期，很多新兴使役句式、致使义处置式和致使性重动句等分析型致使结构陆续出现，汉语的分析型致使结构变得更加丰富。[①]

其一，从内部比较来看，近代汉语四类分析型致使结构存在相似的表层句法结构，在句法结构上可以表述为"$N_1 + V_1 + N_2 + V_2$"，在语义结构上可以表述为"致事＋致使能量＋所使＋致使结果"。不过，内部组成成分的语义差异导致了它们表义上的差异，我们对近代汉语分析型致使结构的内部组成成分的探讨有助于探索相同的句式在表义上存在差异的原因。

近代汉语使令句表达使令义。致事和所使一般都是生命度高的人或组织集体，致事对所使的行为有一定的控制力，致事可以参与后面的动作行为，也可以不参与，所使在致事的指令、默许、带领或影响下进行行为活动。V_2 都是自主性动词，整个句式存在明显的致使力的传递，力的作用都是具体的。

近代汉语抽象使役句表达致使义。致事和所使都扩展到了无生事物，

---

① 牛顺心（2014：19）认为："使成式从功能上看相当于综合性致使结构（词汇型致使和形态型致使），但在其组成上却体现了分析型致使结构的特点：使事和成事具备各自的词汇形式，虽然使事和成事不是独立的词汇形式。"

无生致事不可能是"具体力"的发出者，一般只能成为致使原因。V_2也以非自主性动词为主，不过，致事如果是生命度低事物或事件，V_2是自主性动词，句子仍然表达致使，如："妇人道：'都是你这不争气的，<u>交</u>外人来欺负我。'"(《金瓶梅词话》第二回，20)

致使义处置式表达致使义，是处置式句法意义虚化的结果。致使义处置式的致事多为表示原因的事件或缺省，对后面的所使控制力很弱，而所使对V_2来说在语义上是施事或当事，这样致使义处置式就和抽象使役句很相近。如："贾琏却也喜欢，忙去禀知王夫人，即使回明贾母，<u>把</u>个袭人乐的合掌念佛。"(《红楼梦》九五回，1309)不过，在心理上，致使义处置式的"把/将"仍具有处置义，这是其和抽象使役句的差异。

致使性重动句表达致使义，是两个具有因果关系的事件融合的结果。致使性重动句的致事是表示原因的事件（小句），而所使只有三种情况：句子主语、和句子主语相关的名词、和句子相关的人或事物。

其二，从外部比较来看，近代汉语分析型致使结构和处置式、被动句在表层句法结构上也是一致的，即"$N_1 + V_1 + N_2 + V_2$"。三种不同语义共存于同一句法结构下，而且在一定条件下能够相互转化，如处置式能够发展出致使义、使役句能够发展成被动句、处置标记"把"能够发展成被动标记，具体演变过程前面都已经分析了。汉语分析型致使结构、处置式和被动句都能够表达结果，这是这三种句式互相联系的一个原因，也是有人认为处置式和被动句表达致使义的原因，本书没有走得这么远，仍然认为处置义和被动义是不同于致使义的两个语义范畴。

其三，关于分析型致使结构的语义差异，学者多做区分。朱琳（2011）将其分为使令义、致使义和容让义，其中容让义是指N_1对N_2行为的容许或任凭。朴乡兰（2010）对近代汉语"教（叫）"字使役句在表义上做了更详细的区分：

1. 指示使役：NP_1（施事）+ 教/叫 + NP_2（施事）+ VP（行为动词）。

2. 一般致使：NP_1（施事）+ 教/叫 + NP_2（当事/有生）+ VP（认知、状态动词）。

3. 操控致使：NP_1（施事）+ 教/叫 + NP_2（当事/无生）+ VP（状

结　语

态动词）。

　　4. 感受致使：NP$_1$（因事）+ 教/叫 + NP$_2$（感事）+ VP（心理动词）。

其中第一类表达的是使令义，第二、三、四类表达的是致使义。

　　本书在语义上将分析型致使结构分为使令义和致使义。使令义是指致事通过直接控制所使去完成某种活动，致使义是指致事影响或造成所使达成某种结果或处于某种状态，关于这两者的区分详见第一章第二节。由于使令度存在强弱差异，使令义和致使义内部还可以做更细的区分，如使令义可以分为强使令义、弱使令义、伴随使令义和容许使令义，而依据 N$_2$ 对 V$_2$ 意愿性的强弱，致使义也可以分为动作致使和心理状态致使两类，如：

　　（1）遣行人到此，追念益伤情，胜负难凭。[宋·李冠《六州歌头》（秦亡草昧），《全宋词》，114]

　　（2）遣离人、对嘉景，触目伤怀，尽成感旧。[宋·柳永《笛家弄》（花发西园），《全宋词》，16]

例（1）是动作致使类，例（2）是心理状态致使类。

　　其四，近代汉语中"教、叫、让、与、给"等动词都发展出了被动用法，而这些动词都可以表达使令义和致使义两种意义，究竟是使令义发展出被动用法还是致使义发展出被动用法，学界还没有定论。我们倾向于认为使令义经过致使义，最后发展出被动用法，存在"使令义→致使义→被动义"的语义演变链条。主要原因有三点。一是从近代汉语使役句的使用情况来看，上述动词的被动用法都产生于其抽象使役（致使义）用法之后。二是从动词虚化的角度来看，被动标记是致使词（来源于使令动词）进一步虚化的结果，在这个过程中，N$_1$ 对 N$_2$ 的控制力逐渐减弱，甚至被反控制。三是近代汉语时期存在抽象使役句（表达致使义），可以将其理解为被动句的用例，如：

　　（3）休教烦恼久缠萦，休把贪嗔起战争，休遣信根沈爱网，休令迷性长愚情。(《敦煌变文·维摩诘经讲经文》卷五，903)

179

(4) 绣旗下遥见英雄俺,我教那半万贼兵唬破胆。(《西厢记》第二本第二折,90)

例(3)中的"休教烦恼久缠萦"和例(4)的"我教那半万贼兵唬破胆"在没有上下文语境的情况下,都可以理解为被动句,这说明抽象使役句可以转变为被动句,即存在"致使"到"被动"的发展链条。

其五,近代汉语中致使词是否存在方言地域上的差异未有定论。

关于近代汉语中致使词是否存在南北方言的差异,前人多有探讨,一般认为"与"、"给"和"着"字式使役句可能存在于南方方言中,而"教(叫)"、"让"字式使役句可能存在于北方方言中。不过由于近代汉语文献的方言背景不容易判断,而仅仅依据作者的籍贯来判断多不准确,这种探讨存在很大的困难,只能得出个大概趋势。表7-1选取了六种近代汉语文献,统计了"教(交、叫)"、"让"、"与"和"着"字式使役句的使用情况。其中《新校元刊杂剧三十种》反映了北京一带方言的特点(袁宾,2000),《永乐大典戏文三种》[《张协状元》(南宋)、《杀狗劝夫》(元)、《小孙屠》(元)]反映了南方方言的特点,《西游记》反映了江淮方言的特点(蒋绍愚,2005),《金瓶梅词话》反映了山东方言的特点(蒋绍愚,2005),《醒世姻缘传》反映了山东方言的特点(冯春田,2000),《红楼梦》①反映了北京一带方言的特点。

表7-1 近代汉语部分文献中"教(交、叫)"、"让"、"与"和"着"字式使役句的使用情况

单位:例

文献	动词			
	教(交、叫)	让	与	着
《新校元刊杂剧三十种》	333	17	2	11
《永乐大典戏文三种》	41	2	11	23
《西游记》	112	21	4	3
《金瓶梅词话》	175	57	5	21

---

① 在《红楼梦》中存在少量"给"字式使役句。

结　语

续表

文献	动词			
	教（交、叫）	让	与	着
《醒世姻缘传》	143	41	0	19
《红楼梦》	273	72	0	2

　　从表7-1可以看出，"教（交、叫）"和"让"字式使役句在上述文献中均大量出现，其中"让"字式使役句在明清时期用例逐渐增多。"与"和"着"字式使役句在反映南方方言特点的《永乐大典戏文三种》中的使用比例较高，在其他文献中低频率出现。我们知道，在现代汉语方言中，北方方言中的使役句式以"叫""让"为主，南方方言中的使役句式以给予义动词为主，"着"字使役句也多集中在南方方言中。不过，在近代汉语历史文献中，这种区别不是特别明显。关于这个问题还需要进一步搜集语料来研究。

引用书目及简要介绍

下面是本书所引用的书目（大体上按照"先秦两汉""魏晋南北朝""唐宋元明清"三个时间段排列），以及对书目内容和成书年代做的简要介绍。

1. 《尚书》十三经注疏本，中华书局，1980

《尚书》，最早书名为《书》，是一部追述古代事迹著作的汇编。分为《虞书》《夏书》《商书》《周书》。因是儒家五经之一，又被称为《书经》。通行的十三经注疏本《尚书》，就是《今文尚书》和伪《古文尚书》的合编本。

2. 《诗经》十三经注疏本，中华书局，1980

《诗经》是中国古代诗歌的开端，是最早的一部诗歌总集，收集了西周初年至春秋中叶（公元前11世纪至公元前6世纪）的诗歌。

3. 《左传》十三经注疏本，中华书局，1980

《左传》为春秋时期左丘明所著，是中国古代一部叙事完备的编年体史书。

4. 《仪礼》十三经注疏本，中华书局，1980

《仪礼》为儒家十三经之一，是中国春秋战国时代的礼制汇编。

5. 《论语》杨伯峻译注本，中华书局，1980

《论语》是春秋时期思想家、教育家孔子的弟子及再传弟子记录孔子及其弟子言行而编成的语录文集，成书于战国前期。

6. 《墨子》诸子集成本，上海书店影印本，1986

《墨子》是战国时期的哲学著作，由墨子自著和弟子记述墨子言论两部分组成。

7. 《孟子》杨伯峻译注本，中华书局，2018

《孟子》是儒家的经典著作，战国中期孟子及其弟子万章、公孙丑等著。

8. 《庄子》诸子集成本，上海书店影印本，1986

《庄子》又名《南华经》，是战国中后期庄子及其后学所著道家学说汇总。

9. 《楚辞校释》，王泗原译注，中华书局，2014

《楚辞》是中国文学史上第一部浪漫主义诗歌总集，相传是屈原创作的一种新诗体。

10. 《韩非子》诸子集成本，上海书店影印本，1986

《韩非子》是战国时期思想家韩非的著作总集。《韩非子》是在韩非子去世后，后人辑集而成的。

11. 《战国策》，上海古籍出版社，1985

《战国策》为西汉刘向编订的国别体史书，资料大部分出于战国时代，包括策士的著作和史料的记载。

12. 《吕氏春秋集释》新编诸子集成本，中华书局，2009

《吕氏春秋》又称《吕览》，是在秦国相邦吕不韦的主持下，由他和门客们编撰的一部杂家名著。成书于秦始皇统一中国前夕。

13. 《管子校注》新编诸子集成本，中华书局，2004

《管子》是先秦时期各学派的言论汇编，内容博大，大约成书于战国时代至秦汉时期。

14. 《小尔雅校注》黄怀信校注本，三秦出版社，1992

《小尔雅》是汉代孔鲋编著的训诂学著作。它仿《尔雅》之例，对古书中的词语做了解释。

15. 《史记》，中华书局，1982

《史记》是西汉史学家司马迁撰写的纪传体史书，是中国历史上第一部纪传体通史。

16. 《汉书》，中华书局，1983

《汉书》是由东汉时期史学家班固所著的第一部纪传体断代史。

17. 《说文解字》，许慎撰，中华书局，1963

《说文解字》是由东汉经学家、文字学家许慎编著的语文工具书著作，是中国最早的系统分析汉字字形和考究字源的语文辞书，也是世界上最早的字典之一。

18.《太平经》，杨寄林译注，中华书局，2013

《太平经》又名《太平清领书》，是相传由神人授予方士于吉的东汉道教太平道典籍，成书于东汉中晚期。

19.《广雅疏证》，王念孙，中华书局，2004

《广雅》是仿照《尔雅》体裁编纂的一部训诂学汇编，三国魏张揖撰。

20.《三国志》，中华书局，1982

《三国志》是西晋史学家陈寿所著，记载三国时期的曹魏、蜀汉和东吴的纪传体断代史。

21.《博物志》，郑晓峰校注，中华书局，2019

《博物志》是西晋博物学家张华（232—300年）著的志怪小说集。

22.《抱朴子内篇校释》新编诸子集成本，中华书局，1985

《抱朴子》是东晋葛洪编著的一部道教典籍。

23.《搜神记》，中华书局，1979

《搜神记》是东晋史学家干宝著录的笔记体志怪小说集，原本已佚，今本系后人缀辑增益而成，共20卷。

24.《陶渊明集》，中华书局，1979

南朝梁昭明太子萧统搜集陶渊明遗世作品，编为《陶渊明集》。

25.《后汉书》，中华书局，1965

《后汉书》是南朝宋时期历史学家范晔编撰的史类文学作品，属"二十四史"之一。

26.《世说新语校笺》，徐震堮著，中华书局，1984

《世说新语》是南朝宋文学家刘义庆撰写（一说刘义庆组织门客编写）的文言志人小说集，是魏晋轶事小说的集大成之作，是魏晋南北朝时期"笔记小说"的代表作。

27.《搜神后记》，李剑国辑校，中华书局，2020

《搜神后记》又名《续搜神记》，是《搜神记》的续书。题为东晋陶潜撰。所记有元嘉十四年（437年）、十六年（439年）事。

28. 《洛阳伽蓝记校笺》，杨勇校，中华书局，2018

《洛阳伽蓝记》是南北朝人杨衒之所著的一部集历史、地理、佛教、文学于一体的历史和人物故事类笔记，成书于公元 547 年（东魏武定五年）。

29. 《百喻经》，王孺童译注，中华书局，2012

《百喻经》全称《百句譬喻经》，是古天竺僧伽斯那撰，南朝萧齐天竺三藏法师求那毗地译。

30. 《北齐书》，中华书局，1972

《北齐书》是史类文学作品，为"二十四史"之一，是唐朝史学家李百药撰的一部纪传体断代史。

31. 《颜氏家训集解》新编诸子集成本，中华书局，2013

《颜氏家训》是南北朝时期颜之推创作的家训。该书成书于隋文帝灭陈国以后，隋炀帝即位之前（约公元 6 世纪末）。

32. 《王梵志诗校注》项楚学术文集本，中华书局，2019

《王梵志诗》是唐初著名的通俗诗人王梵志所创作，他创作的三百多首五言通俗诗于 1900 年在敦煌藏经洞被发现。

33. 《寒山诗注（附拾得诗注）》，项楚著，中华书局，2000

《寒山诗》是唐朝释寒山的通俗诗集。

34. 《朝野佥载》，程毅中点校，中华书局，2005

《朝野佥载》是唐代张鷟撰笔记小说集。此书记载朝野佚闻，尤多武后朝事。

35. 《游仙窟》，据刘坚、蒋绍愚主编《近代汉语语法资料汇编》（唐五代卷），商务印书馆，1990

《游仙窟》是唐朝张鷟所著的传奇小说。

36. 《入唐求法巡礼行记》，据刘坚、蒋绍愚主编《近代汉语语法资料汇编》（唐五代卷），商务印书馆，1990

《入唐求法巡礼行记》是日本和尚圆仁入唐求法巡礼过程当中用汉文（文言文）写的一部日记体著作。

37. 《宣室志》，中华书局，1983

《宣室志》是唐代张读所编撰的传奇小说集，共十卷。

38. 《六祖坛经》，据刘坚、蒋绍愚主编《近代汉语语法资料汇编》（唐

五代卷），商务印书馆，1990

《六祖坛经》，简称《坛经》。禅宗六祖慧能说，其弟子法海集录。是禅宗的主要经典之一。

39.《祖堂集（选）》，据刘坚、蒋绍愚主编《近代汉语语法资料汇编》（唐五代卷），商务印书馆，1990

《祖堂集》是现存最早的禅宗史书，共二十卷。

40.《敦煌变文校注》，黄征、张涌泉校注，中华书局，1997

参考《敦煌变文集》，人民文学出版社，1957。清朝末年，在敦煌石室里发现了一批唐、五代的俗文学写卷，学者泛称为"变文"。

41.《敦煌曲子词集》，王重民辑，商务印书馆，1956

《敦煌曲子词》是在敦煌发现的民间词曲总集。

42.《全唐诗》，中华书局编辑部点校，中华书局，1999

43.《太平广记》，人民文学出版社，1959

《太平广记》是中国古代文言纪实小说的第一部总集，为宋代人撰写的一部类书。

44.《朱子语类》，中华书局，1994

《朱子语类》是宋代朱熹与其弟子问答的语录汇编。宋代景定四年（1263年）黎靖德以类编排，于咸淳六年（1270年）刊为《朱子语类大全》140卷，即今通行本《朱子语类》。

45.《秋崖诗词校注》，秦效成校注，黄山书社，1998

《秋崖集》是宋代方岳编撰的著作。

46.《全宋词》，唐圭璋编，中华书局，1965

47.《宋诗三百首》，陈伉编著，远方出版社，2019

48.《王俊首岳侯状》，据刘坚、蒋绍愚主编《近代汉语语法资料汇编》（宋代卷），商务印书馆，1992

49.《张协状元》，据刘坚、蒋绍愚主编《近代汉语语法资料汇编》（宋代卷），商务印书馆，1992

《张协状元》是宋元南戏作品，南宋时温州九山书会才人编撰。在时代上可能兼跨宋元。

50.《三朝北盟会编（选）》，据刘坚、蒋绍愚主编《近代汉语语法资料

汇编》（宋代卷），商务印书馆，1992

《三朝北盟会编》是宋代徐梦莘创作的史学著作。

51.《简帖和尚》，据刘坚、蒋绍愚主编《近代汉语语法资料汇编》（宋代卷），商务印书馆，1992

《简帖和尚》是宋代话本小说。

52.《刘知远诸宫调》，据刘坚、蒋绍愚主编《近代汉语语法资料汇编》（宋代卷），商务印书馆，1992

《刘知远诸宫调》是宋、金时代的诸宫调作品。作者无考。

53.《河南程氏遗书》，据刘坚、蒋绍愚主编《近代汉语语法资料汇编》（宋代卷），商务印书馆，1992

《二程遗书》又被称为《河南程氏遗书》，共二十五卷。该书是北宋理学家程颢、程颐的弟子对二程平时的言行的记载，其中言论居多。

54.《西厢记诸宫调》，据张燕瑾校注《西厢记》，人民文学出版社，2013

《西厢记诸宫调》金代戏曲家董解元根据元稹《莺莺传》所创作的叙事体诸宫调小说作品。该作品对王实甫《西厢记》有重要影响。

55.《碧岩录》，刘坚、蒋绍愚主编据《近代汉语语法资料汇编》（宋代卷），商务印书馆，1992

《碧岩录》是宋代著名禅僧圆悟克勤大师所著。

56.《京本通俗小说》，文学古籍刊行社，1987

《京本通俗小说》是无名氏编著的宋人说话话本集，对研究宋元话本具有很高的价值。

57.《新校元刊杂剧三十种》徐沁君校点本，中华书局，1980

《新校元刊杂剧三十种》是元杂剧作品集。

58.《新编五代史平话》，中国古典文学出版社，1954

《新编五代史平话》是讲说五代十国时期梁、唐、晋、汉、周兴废史的话本。一般认为成书于元代。

59.《杀狗劝夫》，据刘坚、蒋绍愚主编《近代汉语语法资料汇编》（元代明代卷），商务印书馆，1995

60.《大宋宣和遗事·亨集》，据刘坚、蒋绍愚主编《近代汉语语法资

187

料汇编》（元代明代卷），商务印书馆，1995

《大宋宣和遗事》为讲史话本，是宋代无名氏所作，成书于元代，元人或有增益。

61. 《原本老乞大》，郑光主编，外语教学与研究出版社，2002

《原本老乞大》成书于中国的元朝时期，对应朝鲜的王氏高丽时期。

62. 《西厢记》，张燕瑾校注，人民文学出版社，2013

《西厢记》是元代王实甫创作的杂剧，大约写于元贞、大德年间（1295—1307年）。

63. 《三国志平话》，中华书局，1983

《三国志平话》是元代讲史话本，作者不明。全书有上中下三卷。

64. 《元曲选》，中华书局，1958

《元曲选》是明人臧晋叔整理、校订的杂剧。元剧主要作家和作品，都被收罗在《元曲选》内。

65. 《清平山堂话本校注》，程毅中校注，中华书局，2012

《清平山堂话本》是由明代洪楩编印的话本小说集，它真实保存了宋元明三代话本的原始面貌。

66. 《皇明诏令·戒谕武臣敕》，据刘坚、蒋绍愚主编《近代汉语语法资料汇编》（元代明代卷），商务印书馆，1995

67. 《明史》，中华书局，1974

《明史》是一部纪传体断代史，记载了自明太祖朱元璋洪武元年（1368年）至明思宗朱由检崇祯十七年（1644年）276年的历史。

68. 《水浒传》，人民文学出版社，2012

69. 《西游记》，人民文学出版社，2012

70. 《三国演义》，人民文学出版社，2012

71. 《正统临戎录》，据刘坚、蒋绍愚主编《近代汉语语法资料汇编》（元代明代卷），商务印书馆，1995

《正统临戎录》是明代人杨铭（原名哈铭）所著，记述明英宗北狩始末。

72. 《金瓶梅词话》，陶慕宁校注、宁宗一审定，人民文学出版社，2008

《金瓶梅词话》是明代长篇白话世情小说，一般被认为是中国第一部文人独立创作的章回体长篇小说。其成书时间大约在明代隆庆至万历年间，作者署名兰陵笑笑生。

73.《三宝太监西洋记》，江西美术出版社，2018

《三宝太监西洋记》是明代罗懋登所著长篇神魔小说，成书于明万历二十五年（1597年）。

74.《牡丹亭》，徐朔方、杨笑梅校注，人民文学出版社，1963

《牡丹亭》是明朝剧作家汤显祖创作的传奇（剧本），刊行于明万历四十五年（1617年）。

75.《初刻拍案惊奇》，北京出版社，2008

《初刻拍案惊奇》是明朝末年凌濛初编著的拟话本小说集，正式成书于1627年。

76.《二刻拍案惊奇》，北京出版社，2008

《二刻拍案惊奇》是明末凌濛初编著的拟话本小说集。于1632年（崇祯五年）成书刊行，与作者前著《初刻拍案惊奇》合称"二拍"。

77.《喻世明言》，北京出版社，2008

《喻世明言》是明末冯梦龙纂辑的一部白话短篇小说集。

78.《醒世恒言》，北京出版社，2008

《醒世恒言》是明末文学家冯梦龙纂辑的白话短篇小说集，该书始刊于明天启七年（1627年）。

79.《警世通言》，北京出版社，2008

《警世通言》是明末冯梦龙纂辑的白话短篇小说集，该书完成于明天启四年（1624年）。

80.《三刻拍案惊奇》，华夏出版社，2012

《三刻拍案惊奇》是明代陆人龙创作的一本拟话本小说。

81.《欢喜冤家》，华夏出版社，2013

《欢喜冤家》是明代西湖渔隐主人著的短篇小说集，成书于崇祯十三年（1640年）。

82.《型世言》，浙江古籍出版社，2016

《型世言》全称《峥霄馆评定通俗演义型世言》，是明代陆人龙创作的短篇话本小说集，刊刻于明末天启、崇祯年间。

83. 《老乞大》，据刘坚、蒋绍愚主编《近代汉语语法资料汇编》（元代明代卷），商务印书馆，1995

84. 《朴通事》，据刘坚、蒋绍愚主编《近代汉语语法资料汇编》（元代明代卷），商务印书馆，1995

85. 《挂枝儿　山歌　夹竹桃》，冯梦龙著，北京联合出版公司，2018

86. 《醒世姻缘传》，黄肃秋校注，上海古籍出版社，1981

《醒世姻缘传》是明末清初西周生创作的一部长篇世情小说。

87. 《聊斋俚曲集》，蒲先明整理，邹宗良校注，国际文化出版公司，1999

《聊斋俚曲集》是清初作家蒲松龄著的通俗说唱作品集。

88. 《西游补》，上海文艺出版社，2022

《西游补》是明末清初小说家董说创作的章回体中篇白话神魔小说，共十六回，《西游记》续书之一。刊刻于崇祯十四年（1641 年）。

89. 《儿女英雄传》，松颐校注，人民文学出版社，1983

《儿女英雄传》是清代文学家文康所创作的一部长篇小说，又名《金玉缘》《日下新书》，或称《儿女英雄评话》。

90. 《红楼梦》，人民文学出版社，2012

《红楼梦》一般认为前 80 回是清代曹雪芹所著，后 40 回作者为无名氏，整理者为程伟元、高鹗。

91. 《跻春台》，金藏、常夜笛校点，群众出版社，1999

《跻春台》是一部清末川刻拟话本小说集，作者为四川中江人刘省三。

92. 《歧路灯》，团结出版社，2017

《歧路灯》是清代李海观（李绿园）编著的长篇白话小说，成书于乾隆后期。

93. 《三侠五义》，北方文艺出版社，2013

《三侠五义》是清代石玉昆创作的一部古典长篇侠义公案小说，约成书于嘉庆、道光年间。

94. 《儒林外史》，中华书局，2013

《儒林外史》是清代吴敬梓创作的长篇小说，成书于乾隆十四年（1749 年）或稍前，初刻于嘉庆八年（1803 年）。

95.《霓裳续谱》，北方文艺出版社，2021

《霓裳续谱》，王廷绍著，是一部记录了清代中叶以前俗曲的总集，是较早的正式刻印出版物。该书最早见的版本是 1795 年集贤堂初刻本。

96.《官场现形记》，中华书局，2013

《官场现形记》是晚清文学家李宝嘉创作的长篇小说。

97.《笏山记》，上海古籍出版社，1990

《笏山记》是清代蔡召华所著，清光绪三十四年（1908 年）上海广智书局活版部出版，是清末长篇小说中的一部奇书。

98.《老残游记》，华文出版社，2018

《老残游记》是清末文学家刘鹗的代表作。

参考文献

伯纳德·科姆里，1989，《语言共性和语言类型》，沈家煊译，华夏出版社。

伯纳德·科姆里，2010，《语言共性和语言类型》（第二版），沈家煊、罗天华译，北京大学出版社。

曹晋，2009，《汉语致使范畴的表现形式——从上古到中古的变化》，博士学位论文，北京大学。

曹茜蕾、贝罗贝，2007，《近代早期闽南话分析型致使结构的历史探讨》，《方言》第1期。

陈国华，2010，《汉语分析型致使结构的历史研究（上古中古篇）》，博士学位论文，北京大学。

陈云龙主编，2011，《近代汉语专题教程》，中国人民大学出版社。

程琪龙，2001，《致使概念语义结构的认知研究》，《现代汉语》第2期。

大西克也，2009，《上古汉语"使"字使役句的语法化过程》，国际中国语言学学会第16次学术年会论文。

戴浩一，1990，《以认知为基础的汉语功能语法刍议》（上），叶蜚声译，《国外语言学》第4期。

戴浩一，1991，《以认知为基础的汉语功能语法刍议》（下），叶蜚声译，《国外语言学》第1期。

戴庆厦，2001，《藏缅语族语言使动范畴的历史演变》，《中国语言学报》（美），Volume29。

刁晏斌，2001，《近代汉语句法论稿》，辽宁师范大学出版社。

董秀芳，2007，《从词汇化的角度看粘合式动补结构的性质》，《语言科学》第1期。

范晓，1992，《V 得句的"得"后成分》，《汉语学习》第 6 期。

范晓，1993，《复动"V 得"句》，《语言教学与研究》第 4 期。

范晓主编，1998，《汉语的句子类型》，书海出版社。

范晓，2000，《论"致使"结构》，载中国语文杂志社编《语法研究和探索》（十），商务印书馆。

范晓，2001，《动词的配价与汉语的把字句》，《中国语文》第 4 期。

范玉，2011，《〈韩非子〉兼语句研究》，硕士学位论文，山东师范大学。

冯春田，2000，《近代汉语语法研究》，山东教育出版社。

管燮初，1981，《西周金文语法研究》，商务印书馆。

郭浩瑜，2010，《汉语处置式的历史演变研究》，博士学位论文，北京大学。

郭浩瑜、杨荣祥，2012，《从"控制度"看处置式的不同语法意义》，《古汉语研究》第 4 期。

郭红，2006，《敦煌变文兼语句与现代汉语兼语句之比较》，《敦煌研究》第 4 期。

郭锐，2003，《"把"字句的语义构造和论元结构》，载北京大学汉语语言学研究中心《语言学论丛》编委会编《语言学论丛》第 28 辑，商务印书馆。

郭锐、叶向阳，2001，《致使表达的类型学和汉语的致使表达》，第一届肯特岗国际汉语语言学圆桌会议（KRIRCCL—I），新加坡国立大学。

郭姝慧，2004，《现代汉语致使句式研究》，博士学位论文，北京语言大学。

郭姝慧，2008，《"把"字句与"使"字句的置换》，《山西大学学报》（社会科学版）第 3 期。

何乐士，1992，《〈史记〉语法特点研究》，载程湘清主编《两汉汉语研究》，山东教育出版社。

洪波、赵茗，2005，《汉语给予动词的使役化及使役动词的被动介词化》，载沈家煊、吴福祥、马贝加主编《语法化与语法研究》（二），商务印书馆。

洪波、杨作玲，2010，《先秦汉语"见"类动词的清浊交替及其来源》，《民族语文》第 1 期。

胡敕瑞，2005，《动结式的早期形式及其判定标准》，《中国语文》第 3 期。

黄碧云，2004，《双峰方言"把"字句研究》，硕士学位论文，暨南大学。

黄晓雪、李崇兴，2004，《方言中"把"的给予义的来源》，《语言研究》第4期。

江蓝生，2000，《汉语使役与被动兼用探源》，载《近代汉语探源》，商务印书馆。

江蓝生、曹广顺编著，1997，《唐五代语言词典》，上海教育出版社。

蒋冀骋、吴福祥，1997，《近代汉语纲要》，湖南教育出版社。

姜仁涛，2010，《"教"的变调构词——兼论"教"与"学"、"敎"、"交"、"叫"、"较"的音义关系》，《汉语史学报》第十辑。

蒋绍愚，1997，《把字句略论——兼论功能的扩展》，《中国语文》第4期。

蒋绍愚，1999，《〈元曲选〉中的"把"字句——把字句再论》，《语言研究》第1期。

蒋绍愚，2002，《"给"字句、"教"字句表被动的来源——兼谈语法化、类推和功能的扩展》，载北京大学汉语语言学研究中心《语言学论丛》编委会编《语言学论丛》第26辑，商务印书馆。

蒋绍愚，2005，《近代汉语研究概要》，北京大学出版社。

蒋绍愚、曹广顺主编，2005，《近代汉语语法史研究综述》，商务印书馆。

蒋绍愚，2012，《汉语词汇语法史论文续集》，商务印书馆。

金理新，2004，《汉藏语的使役动词后缀*-d》，《民族语文》第2期。

金小栋、吴福祥，2017，《官话方言放置义动词"搁"的语义演变》，《语言科学》第4期。

鞠彩萍，2006，《〈祖堂集〉谓语动词研究》，博士学位论文，上海师范大学。

李炯英，2012，《致使结构的汉英对比研究》，中国科学技术大学出版社。

李来兴，2010，《宋元话本动词语法研究》，博士学位论文，复旦大学。

李蓝，2006，《"着"字式被动句的共时分布与类型差异》，《中国方言学报》第1期。

李临定，1980，《"被"字句》，《中国语文》第6期。

李临定，1986，《现代汉语句型》，商务印书馆。

李荣主编，2002，《现代汉语方言大词典》，江苏教育出版社。

李炜，2002，《清中叶以来使役"给"的历时考察与分析》，《中山大学学报》(社会科学版)第 3 期。

李炜,2004,《清中叶以来北京话的被动"给"及其相关问题——兼及"南方官话"的被动"给"》,《中山大学学报》(社会科学版)第 3 期。

李文泽,2001,《宋代语言中的兼语句研究》,《汉语史研究集刊》第 6 辑。

李霞,2007,《〈金瓶梅词话〉动词语法研究》,博士学位论文,复旦大学。

李英哲,2001,《汉语历时共时语法论集》,北京语言文化大学出版社。

李佐丰,1989,《〈左传〉的使字句》,《语文研究》第 2 期。

梁银峰,2006,《汉语动补结构的产生与演变》,学林出版社。

刘文正,2009,《〈太平经〉动词及相关基本句法研究》,博士学位论文,湖南师范大学。

刘文正、张小英,2014,《逆向类推:兼语动词"让"的形成和发展》,《湖南大学学报》(社会科学版)第 1 期。

刘子瑜,2008,《〈朱子语类〉述补结构研究》第三辑,商务印书馆。

吕叔湘,1982,《中国文法要略》,商务印书馆。

吕叔湘,1984,《近代汉语指代词·序》,载《近代汉语指代词》,学林出版社。

吕叔湘,1986,《汉语句法的灵活性》,《中国语文》第 1 期。

马贝加,2014,《汉语动词语法化》,中华书局。

马庆株编著,1992,《汉语动词和动词性结构》,北京语言学院出版社。

梅祖麟,1990,《唐宋处置式的来源》,《中国语文》第 3 期。

梅祖麟,2008,《上古汉语动词浊清别义的来源——再论原始汉藏语*s-前缀的使动化构词功用》,《民族语文》第 3 期。

牛顺心,2014,《汉语中致使范畴的结构类型研究——兼汉藏语中致使结构的比较研究》,南开大学出版社。

彭利贞,1996,《论使役语义的语法表现层次》,《杭州大学学报》(哲学社会科学版)第 4 期。

朴乡兰,2010,《近代汉语表使役与表被动的"教/叫"字句研究》,博士学位论文,北京大学。

戚晓杰,2006,《从〈聊斋俚曲集〉看汉语动词拷贝句式的产生年代》,《蒲松龄研究》第 1 期。

桥本万太郎，1987，《汉语被动式的历史——区域发展》，《中国语文》第1期。

屈哨兵，2008，《被动标记"让"的多角度考察》，《语言科学》第1期。

商务印书馆辞书研究中心编，2011，《新华方言词典》，商务印书馆。

邵敬敏，2000，《汉语语法的立体研究》，商务印书馆。

邵永海，2003，《〈韩非子〉中的使令类递系结构》，载北京大学汉语语言学研究中心《语言学论丛》编委会编《语言学论丛》第27辑，商务印书馆。

宋绍年，1994，《汉语结果补语式的起源再探讨》，《古汉语研究》第2期。

宋亚云，2009，《汉语作格动词的历史演变与动结式的语法化》，载吴福祥、崔希亮主编《语法化与语法研究》（四），商务印书馆。

唐翠菊，2001，《现代汉语重动句的分类》，《世界汉语教学》第1期。

太田辰夫，1987，《中国语历史文法》，蒋绍愚、徐昌华译，北京大学出版社。

谭景春，1995，《使令动词和使令句》，载中国语文杂志社编《语法研究和探索》（七），商务印书馆。

田春来，2009，《近代汉语"著"字被动句》，《语言科学》第5期。

宛新政，2005，《现代汉语致使句研究》，浙江大学出版社。

汪化云，2017，《黄孝方言中"等"的语法化》，《方言》第2期。

汪维辉，2002，《东汉—隋常用词演变研究》，南京大学出版社。

王力，1980，《汉语史稿》，中华书局。

王力，1984，《王力文集》第一卷《中国语法理论》，山东教育出版社。

王力，1985，《中国现代语法》，商务印书馆。

王力，1989，《汉语语法史》，中华书局。

王红旗，2003，《"把"字句的意义究竟是什么》，《语文研究》第2期。

刘鑫鑫，2008，《上古汉语中的兼语句》，硕士学位论文，西南大学。

吴福祥，1996，《敦煌变文语法研究》，岳麓书社。

吴福祥，2003，《再论处置式的来源》，《语言研究》第3期。

吴竞存、梁伯枢，1992，《现代汉语句法结构与分析》，语文出版社。

项开喜，2002，《汉语的双施力结构式》，《语言研究》第2期。

向熹，1993，《简明汉语史（下）》，高等教育出版社。

邢欣，1995，《致使动词的配价》，载沈阳、郑定欧主编《现代汉语配价语法研究》，北京大学出版社。

邢欣，2004，《现代汉语兼语式》，北京广播学院出版社。

熊学亮、王志军，2002，《被动句式的原型研究》，《外语研究》第1期。

熊仲儒，2004，《现代汉语中的致使句式》，安徽大学出版社。

徐丹，1990，《关于给予式的历史发展——读贝罗贝著〈汉语历时句法——公元前14世纪至公元18世纪给予式的演变〉》，《中国语文》第3期。

徐丹，2003，《"使"字句的演变——兼谈"使"字的语法化》，载吴福祥、洪波主编《语法化与语法研究》（一），商务印书馆。

徐丹，2005，《谈"破"——汉语某些动词的类型转变》，《中国语文》第4期。

徐丹，2014，《汉语句法的类型转变》，世界图书出版公司北京公司。

徐通锵，1997，《语言论——语义型语言的结构原理和研究方法》，东北师范大学出版社。

徐燕青，1999，《"使"字句与"把"字句的异同考察》，《世界汉语教学》第4期。

薛凤生，1994，《"把"字句和"被"字句的结构意义——真的表示"处置"和"被动"?》，载戴浩一、薛凤生主编《功能主义与汉语语法》，沈家煊译，北京语言学院出版社。

杨伯峻、何乐士，2001，《古汉语语法及其发展》，语文出版社。

杨荣祥，2005，《语义特征分析在语法史研究中的作用——"V1 + V2 + O"向"V + C + O"演变再探讨》，《北京大学学报》（哲学社会科学版）第2期。

姚双云，2012，《湖南邵阳城区方言的"请"字被动句》，《语言科学》第4期。

叶蕾，2013，《〈元刊杂剧三十种〉兼语句研究》，硕士学位论文，温州大学。

袁宾等编著，2001，《二十世纪的近代汉语研究》，书海出版社。

袁宾，2000，《大唐三藏取经诗话的成书时代与方言基础》，《中国语文》第6期。

岳俊发，1984，《"得"字句的产生和演变》，《语言研究》第 2 期。

张伯江，2001，《被字句和把字句的对称与不对称》，《中国语文》第 6 期。

张赪，2012，《元代语言接触中的汉语使役句式》，《民族翻译》第 2 期。

张赪，2013，《宋代使役句的语义特征》，《语文研究》第 3 期。

张赪，2014，《近代汉语使役句役事缺省现象研究——兼谈语言接触对结构形式和语义的不同影响》，《中国语文》第 3 期。

张军、王述峰，1988，《试论古汉语兼语句》，《辽宁大学学报》（哲学社会科学版）第 6 期。

张黎，2010，《汉语"动作—结果"的句法呈现及其认知类型学的解释》，《对外汉语研究》第 0 期。

张丽丽，2005，《从使役到致使》，《台大文史哲学报》第 62 期。

张美兰，2006，《近代汉语使役动词及其相关的句法、语义结构》，《清华大学学报》（哲学社会科学版）第 2 期。

张敏，2003，《汉语语法化研究的类型学与认知语言学视点》，载《第 23 次中国学国际学术大会论文集》。

张旺熹，2002，《重动结构的远距离因果关系动因》，载徐烈炯、邵敬敏主编《汉语语法研究的新拓展（一）——21 世纪首届现代汉语语法国际研讨会论文集》，浙江教育出版社。

张相，1953，《诗词曲语辞汇释》，中华书局。

张翼，2011，《汉语"得"字致使句式研究》，《解放军外国语学院学报》第 3 期。

张振羽，2010，《"着"字被动句来源的多视角考察》，《宁夏大学学报》（人文社会科学版）第 1 期。

郑宏，2006，《近代汉语"着（著）"字被动句及其在现代汉语方言中的分布》，《语文研究》第 2 期。

郑宏，2009，《近代汉语"与"字被动句考察》，《语文研究》第 3 期。

郑宏，2012，《近代汉语"把"字被动句及其在现代汉语方言中的地域分布》，《西北大学学报》（哲学社会科学版）第 3 期。

赵长才，2016，《动词拷贝结构（VOV 得 C）的形成过程》，载《历史语言学研究》（十），商务印书馆。

参考文献

赵林晓，2014，《汉语重动句的起源与历时演变研究》，博士学位论文，北京大学。

赵新，2001，《重动句的结构和语义分析》，《华侨大学学报》（人文社会科学版）第1期。

赵小东，2004，《〈世说新语〉兼语句研究》，硕士学位论文，四川师范大学。

中国社会科学院语言研究所词典编辑室编，2012，《现代汉语词典》（第6版），商务印书馆。

周红，2005，《现代汉语致使范畴研究》，复旦大学出版社。

周红，2006，《致使动词的类型及动态变化》，《烟台师范学院学报》（哲学社会科学版）第2期。

朱德熙，1985，《语法答问》，商务印书馆。

朱德熙，2010，《朱德熙文选》，北京大学出版社。

朱琳，2011，《汉语使役现象的类型学和历时认知研究》，学林出版社。

祝敏彻，1957，《论初期处置式》，载《语言学论丛》（第一辑），新知识出版社。

Dixon, 2000, *Typology of Causatives: Form, Syntax and Meaning*, Cambridge: Cambridge University Press.

Lakoff, 1987, *Women, Fire and Dangerous Things*, Chicago: University of Chicago Press.

Levin, 1995, *Unaccusativity: At the Syntax-Lexical Semantics Interface*, Cambridge: MIT Press.

Talmy, 2000, *Toward A Cognitive Semantics*, Cambridge: MIT Press.

后 记

这本书是在我博士学位论文的基础上修改后正式出版的，也是我的第一本语言学专著。

自从高考填报志愿，选择了"汉语言"，没有选择"汉语言文学"（当时根本不明白这两者的区别，选个字少的吧），算是和语言学结缘了，本着"一错到底"的精神，不换专业一直读到博士。我是一个随遇而安，没有什么大志向的人，当初武大硕导萧红老师的一句话让我决定继续读书，现在想来感觉很好笑，生活总是充满了不确定。第一年考北京大学的博士没有成功，第二年转考杨荣祥老师的博士，蒙师不弃，得以进入燕园继续学习，也算是一种缘分吧。

读博四年，无论是在学业上还是生活上，杨老师都给予了无微不至的关怀。从平时读书、综合考试、开题到学位论文的写作，杨老师都本着认真负责的态度精心指导、细心阅读读书报告、细致修改学位论文。杨老师不爱说大话、空话，总是以过来人的身份、将心比心地站在学生的角度思考问题，既担心学生的学业，又担心学生的工作，可谓是操碎了心。作为一个学生，让老师不停地担心，实谓不孝顺。无奈我这个人没有多少能力，又缺乏自信，往往心有余而力不足，现在想来，甚是惭愧。能够最终完成学位论文的写作，还要感谢语言学专业的宋绍年、耿振生、孙玉文、胡敕瑞、刘子瑜、邵永海、宋亚云、袁毓林、郭锐、叶文曦和董秀芳等诸位老师。在学位论文的开题报告、预答辩过程中，各位老师都提出了非常宝贵的意见。诸位老师不但学问精深，为人处世也值得称道，让学生受益匪浅。

2016年博士毕业，我进入南昌大学中文系工作，在教学之余时常修改博士学位论文，补充了一些材料，调整了部分章节，经过不断地充实和完

后　记

善，学位论文也得以最终出版。南昌大学中文系一流学科建设给予了经费支持，社会科学文献出版社的祝得彬和刘学谦两位老师多予帮助，在此一并致谢。最后需要指出的是，本书在材料搜集方面虽倾力甚多，但限于学力，个人创见却不多，这是以后工作中要加强的地方。敬祈方家批评指正。

刘海波
2023年4月记于南昌大学前湖校区

作者简介

　　刘海波，男，1989 年生，江西余干人。北京大学文学博士，南昌大学人文学院中国语言文学系教师，硕士生导师。主要从事古代汉语语法、词汇及对外汉语研究。入选南昌大学赣江青年学者。主持或完成省级项目多项，在《澳门语言学刊》《世界华文教学》《东方语言学》《现代语文》等语言学专业刊物发表论文十余篇。

图书在版编目(CIP)数据

近代汉语分析型致使结构及相关句式研究 / 刘海波著. -- 北京：社会科学文献出版社，2023.6
（致远学术文丛）
ISBN 978 - 7 - 5228 - 1718 - 7

Ⅰ.①近… Ⅱ.①刘… Ⅲ.①汉语 - 研究 - 中国 - 近代 Ⅳ.①H1

中国国家版本馆CIP数据核字(2023)第066592号

致远学术文丛
近代汉语分析型致使结构及相关句式研究

著　　者 / 刘海波

出 版 人 / 王利民
组稿编辑 / 祝得彬
责任编辑 / 刘学谦
文稿编辑 / 王　倩
责任印制 / 王京美

出　　版 / 社会科学文献出版社·当代世界出版分社（010）59367004
　　　　　 地址：北京市北三环中路甲29号院华龙大厦　邮编：100029
　　　　　 网址：www.ssap.com.cn
发　　行 / 社会科学文献出版社（010）59367028
印　　装 / 三河市东方印刷有限公司

规　　格 / 开　本：787mm × 1092mm　1/16
　　　　　 印　张：13　字　数：205千字
版　　次 / 2023年6月第1版　2023年6月第1次印刷
书　　号 / ISBN 978 - 7 - 5228 - 1718 - 7
定　　价 / 88.00元

读者服务电话：4008918866

版权所有 翻印必究